10년이 젊어지는 발 건강법

이시쓰카 다다오 지음
최병련 옮김

하남출판사

머리말

　내가 신발과 발의 관계를 연구하게 된 계기는, 과거
두 번의 미국 유학이었다.

　첫 번째는 1950년, 미국의 캘리포니아 주에 있는
캘리포니아 대학 로스엔젤스 분교(UCLA)의 대학원
및 부속 병원에서 외과와 정형외과 공부를 했었다. 그
대학은 허리우드와 비버리힐즈에서 가깝다는 지역적
특성 때문에 정형외과 환자로 영화 배우가 많이 찾았
다. 당시 '백만 달러의 다리'라고 불리던 미인 여배
우 마를린 디트리히와 탭 댄스의 천재라고 불리던 프
레드 아스테어 등이 기억에 남는 환자들이다. 그들은
자기 발을 매우 소중하게 여겼다. 발의 보호 문제를

상담하러 종종 찾아왔다. 그 화려한 은막에 멋지게 등장하는 미인 여배우나 세계적으로 유명한 탭 댄서의 발에 물집이라도 생긴다면 무대에서의 완벽한 표현이 불가능해지기 때문이다.

미국에서는 발과 신발에 대한 연구는 당연한 것으로 여겨지고 있으며, 연구 역시 활발하다. 외반모지外反母趾를 영어로는 'hallux valgus'라고 말한다. 유학한 지 얼마 안 돼 그 말을 들었는데, 나는 무슨 말인지 도무지 알 수가 없었다.

내가 가진 의학 사전에는 실려 있지도 않았던 용어였다. 그 뒤 미국인들에게는 발의 장애가 매우 많다는 것을 알게 되었다. 당시 우리 나라에서는 발의 장애 따위는 정형외과 안에서도 거의 다루어지지 않는 분야였다. 다루는 장애도 발의 질병이라기보다는 발의 외상이나 노동 재해에 의한 상처 등이 주된 것이었다.

그런데 어째서 미국에서는 이처럼 발의 장애가 많은가를 생각해 보니, 신발이 문제였다.

미국은 집안에서 신발을 신지만 우리는 집에 돌아오면 신발을 벗고 맨발로 지낸다. 아마도 그 차이가 아닐까라는 것에 생각이 미쳤다. 신발은 사람의 발을 보호하고, 발의 기능을 충분히 발휘시키기 위해서 만들어진 것이라고 생각하고 있었는데, 현실은 그와는 달랐다. 그냥 단순히 모양이 좋고 아름답고 가늘게 보이기 위한 하나의 장식용품으로서의 역할이 강조된다.

두 번째로 미국 유학의 기회를 얻어 뉴욕에서 데이빗 M. 보스워스 박사 밑에서 3년간 정형외과 공부를 하게 되었다. 보스워스 박사는 정형외과의 세계적인 권위자였다. 나는 그 박사 밑에서 3년 동안 공부하며 발과 신발에 대해 연구하는 것이 얼마나 중요한 일인지를 확인하였다.

보스워스 박사도 내 연구의 중요성을 인정하며, "신발과 발과의 관계는 매우 중요한 일이니까, 힘을 다해서 연구를 하시오."라는 당부까지 하였다.

그 뒤 나는 미국에서 발과 신발에 관한 많은 문헌과 연구 자료를 들고 귀국했다. 그러나 그러한 연구 자료는 당시 국내에서는 도무지 쓸모가 없었고, 오랫동안 묻혀 있을 수밖에 없었다.

1982년, 우연히 발에 대해 취재하러 찾아온 한 잡지사 편집장에게 잡담을 하다가 슬쩍 그 이야기를 했더니 크게 관심을 보이며, 꼭 그것에 대해서 책을 쓰라는 것이었다. 그렇게 해서 만들어진 책이, 『신발을 잘못 신으면 병이 난다』이다. 그 책은 잘 팔려나갔고, 내가 바라던 것처럼 국내에서도 수많은 사람들이 발에 대해 관심을 갖게 되는 계기가 되었다. 그리고 패션 일변도가 아닌 제대로 된 신발을 신는 사람이 늘어나게 되었다. 그 뒤 나는 '일본신발의학회'를 설립하고, 제2회 학술집회에서는 회장을 맡았으며, 또 현재는 상임이사와 사무국장을 겸임하고 있다.

나는 이 책을 통해서 많은 의사나 신발 제조업자, 신발 소매업자, 인간 공학이나 보건 체육 관계자들이 발과 신발의 문제에 관심을 기울이게 되기를 바란다.

또한 신발의 겉모양새뿐만 아니라 사람의 발이 충분히 기능을 발휘할 수 있는 신발이 개발되기를 바라는 마음이다.

그리고 이 책을 통해 좋지 못한 신발이 가져다 주는 발의 질병을 이해하게 되길 바란다.

이 책이 여러분의 일상 생활을 보다 넉넉하게 하고, 발의 장애로 괴로움을 당하는 사람들에게 치료약이 되었으면 한다. 나아가 신발 제조업자들에게도 뭔가 참고가 될 수 있다면 더없이 기쁠 것이다.

이 책을 펴내는 데 여러 가지로 힘이 되어 주신 모든 분들께 감사드린다. 감사합니다.

차례 〜✧〜

제2장·바르게 단련하고, 따뜻하게 보살핀다

제 3 장 · 현명한 발의 건강법

제4장 · 신발의 고장, 발의 질병

제 5장 · 발에 좋은 신발, 나쁜 신발

제6장 · 신발을 잘 고르는 법

제 7 장 · 당신은 신발을 잘 고르고 있는가?

제 1 장

■

당신은 아직「발」에 대해서 잘 모른다

두 발은 뇌보다 피로를 빨리 느낀다

인간이 다른 동물과 구별되는 특징 중 한 가지는 두 발로 서고 보행하고 이동하는 것이라고 말할 수 있다. 서기 위해서는 기립능력이 필요하다. 그런데 그 능력은 나이를 먹으면 차츰 쇠퇴하여 본인은 똑바로 서 있는 것 같아도 사실은 쉴새없이 흔들리는 채로 서 있게 된다. 또 몸이 흔들리는 정도에 따라서 요통의 발생률도 높아지는 것을 느끼게 된다.

발이 약해지는 것은 고령이 되고 나서 갑자기 오는 것이 아니다. 젊어서부터의 근육 트레이닝 부족에서 오는 것이다.

꼼짝 않고 10분간 서 있기란 어지간한 젊은이에게
도 곤욕이 아닐 수 없다. 하지만 버킹검 궁전의 위병
이나 훈련받은 경찰관 같은 사람은 한 시간쯤은 말뚝
처럼 서 있을 수 있다. 물론 그런 사람들은 특별한 경
우로 치고 제외시키자.

지하철의 계단을 오를 때 자신도 모르게 숨이 차거
나 무릎이 뜻대로 펴지지 않아 "이거야 원! 허리와 다
리가 약해진 걸까."라는 푸념을 내뱉고 만다. 이들은
대개 30대 후반의 사람들일 가능성이 크다. 그것은
발의 근육이 약해졌기 때문만은 아니다. 심장이나 호
흡기도 약해졌기 때문에 헉헉 숨이 차고 두근두근 심
장이 뛰게 되는 것이다.

60세의 악력握力은 20대의 80% 정도를 유지하게
되지만, 각력脚力은 50% 정도로 떨어진다. 60~70세
에 평균적으로 가장 약해지는 기관은 호흡기와 소화기
이다. 이들 장기는 운동 기관인 뼈나 근육에 매우 중요
한 영향을 미친다. 때문에 다리와 허리의 쇠약은 이들
장기의 직접적인 영향이라고 보아도 틀리지 않다.

인간의 몸은 각 기관이 고르게 쇠약해지지 않는다.
쇠약하기 쉬운 기관은 일찍, 그렇지 않은 기관은 서서
히 노화현상이 오게 된다.

이를테면, 뇌는 좀처럼 늙지 않는 기관들 중 대표적인 것이다. 나이 들어 기억력은 떨어지지만 창작 능력은 그대로인 사람들을 많이 볼 수 있다. 대단한 고령임에도 현역에서 활동하는 화가나 작가분들에게, "젊음의 비결은?"하고 여쭈어 보면, "특별한 비결은 없지만, 날마다 걷고 있어요."라는 대답이 많다.

험한 산골 마을의 가파른 밭에서 날마다 농사일을 하는 노인 중에는 건강한 사람이 많다. 어느 날 늦도록 안 돌아와서 가족들이 밭으로 찾아갔더니 괭이를 손에 쥔 채 조용히 숨져 있더라는 이야기도 들은 적이 있다. 그는 울퉁불퉁한 산길을 작업화를 신고 날마다 오르내리며 노동을 계속해 왔기 때문에 내장이나 근육이 매우 건강한 상태로 나이가 들었을 것이다. 이처럼 자연 속에서 최후까지 자기의 일을 하면서 천수天壽를 누리는 것이 이상적인 천수라고 말할 수 있을 것이다.

발의 혈관이나 신경은 두뇌와 내장에 밀접하게 연결되어 있다. 때문에 발의 노화는 치매나 노화를 촉진하는 것이다.

발을 강하게 하는 것은 단순히 각력의 증가만을 의미하지 않는다. 발의 강화는 심장, 호흡기, 내장의 강화로 이어지고, 또 두뇌를 명석하게 만드는 것이다.

구 걷기를 잊어버린 현대인

인간 역시 동물의 한 종이다. 발을 쓰지 않고 자기 몸을 이동할 수 있는 동물이 있을까. 덩치가 큰 코끼리와 하마도 자기 발로 몸을 이동시킨다.

우리 인간의 발은 원래 걷기 위해서 만들어진 것이다. 그러니까 걷지 않는 생활을 하면 그 기능이 약해지고 만다. 현대는 갖가지 교통 기관이나 미디어, 유통의 발달에 의해서 생활이 대단히 편리해졌다. 그런데 이렇게 편리해질수록 인간은 차츰 발을 쓰지 않는 생활로 내몰리게 된다.

도시 비즈니스맨의 출퇴근 모습을 보자.

전철역에서는 에스컬레이터, 회사 안에서는 엘리베이터를 항상 이용한다. 겨우 수십 보씩밖에 걷지 않는 생활의 연속이다. 거기다 멀티미디어의 발달로 재택 근무가 급속히 확산되고 있다. 예전에는 출장을 가지 않으면 처리할 수 없었던 업무를 이제는 마우스 하나만으로 처리할 수 있게 되었다. 쇼핑만 하더라도 통신 판매가 보편화 돼 집에 앉아서 물건을 살 수 있게 되었다.

또한 마이카의 유행도 우리를 걷는 일에서 멀어지게 하는 원인이 되었다.

20

오래 병상 신세를 지다보면 화장실에 가는 것조차 괴롭다. 또 원기 왕성한 대학생이 스키를 타다가 다리 뼈가 부러져 한두 달쯤 깁스를 했다가 깁스를 떼어냈을 때, 놀랍도록 그 다리만이 가늘어져 있을 수가 있다. 그것은 폐용성 위축廢用性萎縮이라고 해서 쓰지 않으면 그 근육의 기능이 떨어지는 증상이다.

기계와 마찬가지로 인간의 몸도 쓰지 않으면 녹스는 것이다. 발뿐만이 아니고 근육도 스포츠 같은 것으로 지나치게 혹사시키면 노화를 앞당긴다. 하지만 그것이 두렵다고 근육을 쓰지 않고 편안히 묵혀두면 자꾸만 기능이 떨어져 노화를 재촉하게 된다.

天 천재는 걸으면서 생각했다

동양철학이 달마선사達磨禪師로 대표되듯 동양의 철인들은 좌선을 하면서 명상과 사색에 잠겼다. 동선動禪이라 불리는 수행이 있기는 하지만 한 곳에서 꼼짝 않고 조용히 움직이는 정적인 것이다.

서양의 칸트, 쇼펜하우어와 같은 철학자나 대 작곡가인 베토벤, 슈베르트 같은 사람들은 숲 속을 거닐면서 생각에 잠겼다.

무언가를 생각해내는 데 어느 쪽이 효과적인지를 따진다면 걷는 편이 좋다고 말하고 싶다.

그 이유는 발을 움직여서 혈액 순환을 좋게 하고, 뇌에 신선한 피를 보내주면 뇌의 작용이 활발해지기 때문이다.

☳ 걸으면 두뇌가 명석해진다

뇌 세포는 우리의 몸에서 가장 산소를 많이 필요로 하는 조직이다. 극단적으로 산소 결핍의 상태가 계속되면, 뇌사腦死 상태에 빠지게 된다. 설사 거기까지 가지 않는다고 해도 거의 폐인 상태에 이르고 말 것이다. 하품이 나오거나 머리가 맑지 못하다고 느끼는 것은 뇌 세포의 산소 결핍의 신호라는 것은 잘 알려진 사실이다.

뇌에게는 쉴새 없이 신선한 산소를 보내주지 않으면 안 된다. 혈액은 산소를 운반하고, 혈액 순환이 좋아야 뇌 세포가 활성화된다는 것은 기본 상식이다.

운동 부족이나 어떠한 장애로 발의 울혈鬱血 상태, 즉 정맥에 혈액이 고이는 상태가 계속되면 전신의 혈액 순환이 나빠진다. 그러면 당연히 뇌에도 충분한 산소가 보내지지 않게 되는데, 그것을 허혈虛血 상태라고 한다. 그렇게 되면 집중력이 떨어져 안절부절 못하게 되고, 의욕마저 상실하게 된다. 심해지면 의식이 몽롱해지기도 한다.

그런 상태가 만성화되면 비즈니스맨은 일이 밀리게 되고, 딜러는 뜻하는 것처럼 결과를 내지 못하고, 스포츠맨은 성적이 오르지 않게 되고, 수험생들은 성적이 부진해지게 된다.

발과 뇌는 몸 안에서 가장 먼 거리에 있지만, 혈관과 신경이라는 파이프로 단단히 이어져 있어 서로에게 미치는 영향이 매우 큰 기관인 것이다.

발의 노화는 뇌의 노화로 이어진다. 치매에 걸리지 않기 위해서는 머리를 자주 써야 한다는 말을 한다. 그런데 머리를 쓰기 위해서는 먼저 두뇌가 명석해야 하고, 그러기 위해서는 뇌에 산소가 충분히 보내지지 않으면 안 된다.

산소를 보내기 위해서는 - '혈액 순환을 좋게 할 것' - 심장의 기능을 높여주면 혈액 순환이 좋아진다고 생각하기 쉽지만, 심장의 근육은 자기 의지대로 움직여지지 않는 불수의근不隨意筋이다. 그러나 제2의 심장인 발의 근육은 자기 의지대로 움직일 수 있는 수의근隨意筋이다. 노화 방지를 위해서는 발을 움직이고 단련하여 심장의 작용을 도와야 한다.

가장 손쉬운 방법은 운동을 하는 것이다. 혈액 순환을 촉진하는 방법으로는 축구나 농구처럼 격렬한 운동보다는 '걷는 것' 이 가장 적합한 운동이다.

걸으면 발이 바닥에서 떨어질 때 발가락 끝이 굽어지게 되는데, 그 운동이 마치 펌프질하는 것처럼 혈액 순환을 촉진하는 것이다.

걸어가고 있을 때, 발은 세 가지 크기로 변화한다. 한 순간의 일이지만, 공중에 떠 있을 때가 제일 작고, 한 발로 착지해서 전신의 몸무게를 지탱하고 있을 때 가장 커지는 것이다. 그리고 뒤꿈치가 땅을 짚고 있을 때, 또는 뒤꿈치는 이미 땅바닥을 떠나서 발가락 뿌리 부분만이 바닥을 짚고 있을 때가 그 중간 크기인 것이다.

발의 크기 변화는 혈관 주위에 있는 근육의 신축 운동이 활발해지고 혈액 순환이 좋아지기 때문에 일어나는 것이다. 이것은 심장의 움직임과 마찬가지로 늘었다 줄었다 하는 펌프와 같은 작용으로 발의 말단의 혈액 순환을 촉진하고 있는 것이다.

또 바른 걸음이 되면 보폭이 커지고, 발이 바닥을 떠날 때는 발목이 쭉 펴져 혈액 순환은 더욱 촉진되는 것이다.

또, 최근의 연구에서는 걷는 것만으로도 뇌 속에서 물질이 솟아나와 뇌의 신경 세포를 활성화시킨다는 발표가 있었다.

바르게 걷는 법을 마스터해서 뇌를 활성화시키길 바란다.

구 「제2의 심장」이라고 말하는 까닭

'발은 제2의 심장'이라는 말을 많이 하는데, 그 까닭은 무엇 때문일까.

그럼 여기서 순환계에 대해 간단히 설명할 필요가 있겠다. 다음의 그림(p 26)을 참고.

혈액은 심장의 좌심실에서 대동맥을 지나 동맥, 세동맥을 거쳐 다시 모세혈관을 흘러서 세포 조직에 신선한 산소나 영양분을 운반해 준다.

그리고 돌아올 때는 이산화탄소나 피로물질을 수거해 모세혈관에서 세정맥, 정맥, 대동맥을 지나서 심장의 우심방으로 돌아온다. 혈행은 반드시 일방통행이다. 정맥에는 역류를 막는 마개가 몇 개 붙어 있어 일방통행이 잘 될 수 있도록 한다.

심장에서는 한 번의 박동으로 10분의 1리터 정도의

혈액이 전신을 흐르는 모양

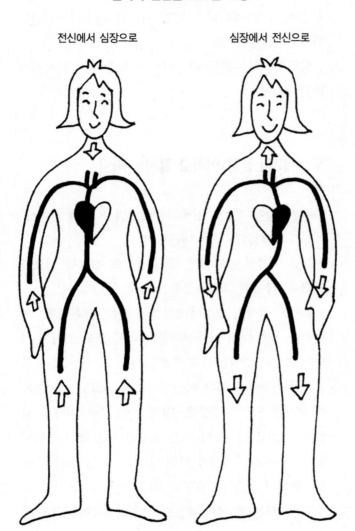

전신에서 심장으로   심장에서 전신으로

혈액이 밀려나오게 된다. 건강한 성인의 평균 심장박동 수는 1분에 70회, 그러니까 1분에 약 7리터의 혈액이 밀려나오는 셈이다. 좀더 계산하라면, 심장은 24시간에 1만 리터의 혈액을 밀어보내는 펌프인 것이다.

이처럼 힘 차게 밀려나온 혈액이지만, 몸 구석구석의 모세혈관까지 와서 다시 심장으로 돌아갈 때가 되면, 그 압력은 약해져 더 이상 움직일 수 없을 정도가 된다. 그렇다면 이 위기를 어떻게 넘기고 심장까지 혈액이 무사히 돌아갈 수 있을까? 비밀은 정맥 주위에 있는 근육에 있다.

발은 심장으로부터 가장 먼 거리에 있다. 따라서 심장에서 나온 동맥혈이 발의 각 조직에 영양을 주고, 정맥혈이 되어 노폐물을 싣고 심장으로 돌아오려면 힘겨울 수밖에 없다. 더구나 발은 몸의 맨 밑에 있기 때문에 한 번 내려간 혈액은 커다란 압력이 걸리지 않는 한 심장 쪽으로 상승하기 어렵다.

노화 현상으로 동맥경화 같은 혈관 장애가 일어나면 발끝까지 혈액이 잘 흐르지 않아 발이 차며, 여러 가지 장애가 일어나는 것이다.

발의 정맥 주위의 근육, 그러니까 발의 근육이 활발하게 효율적으로 잘 작동해야 혈액이 다시 심장으로 돌아갈 수 있게 된다.

말초에서 심장으로 혈액이 돌아가기 위해서는 근육이 작용해야 하는데, 심장에서 가장 먼 발의 근육은 특히 중요하다.

이제 '발은 제2의 심장' 이라고 말하는 까닭을 이해하게 되었으리라 생각한다.

두 발의 피로는 몸의 피로

오랜 시간 무릎을 꿇고 앉아 있으면 발이 저리는 수가 있다. 그것은 혈행이 방해를 받아 울혈鬱血해서 일시적으로 노폐물이 발에 고였기 때문이다.

울혈이란 정맥 속에 혈액이 고이는 것을 말한다.

발이 저릴 때, 발의 정맥 주위의 근육이 피로해지면 말단에 있는 혈액이 심장으로 돌아가지 못하게 돼 정맥이 팽창하고 피의 흐름이 막히게 된다. 본래 심장으로 돌아가지 않으면 안 되는 정맥의 피가 돌아가지 못하면, 어떻게 해서라도 막혀 있는 혈액을 심장으로 되돌려 보내려는 인체의 방어 수단이 작동돼 혈압을 올리게 된다.

28

그렇게 되면 혈관 속의 혈액과 조직의 침투압浸透壓의 밸런스가 무너져 혈액 속의 수분이 조직으로 배어 나오는 부종浮腫의 원인이 되는 것이다.

피로하구나 생각하면 저도 모르게 발을 문지르는 이유는, 부어오른 발의 혈행을 무의식 중에 좋게 하려고 하는 것이다.

사람의 몸은 어딘가 한 곳만 좋지 않아도 온몸에 영향을 미친다. 특히 발은 제2의 심장으로서 발의 피로는 온몸의 피로 증상으로 나타난다.

발의 피로는, 다음날까지 남기지 않도록 주의해야 한다. 또 평소부터 발을 단련해서 울혈이 생기지 않을 정도의 상태로 만들어 두는 것도 중요하다.

제3장에서 말하는, 간단한 발 운동을 매일 쉬지 말고 실행하기 바란다. '그대, 오늘의 피로를 내일까지 남기지 말지어다'

다 빈치가 경탄한 「발의 구조」

인류 역사상 가장 위대한 천재라는 레오나르도 다 빈치는 사람의 발을 가리켜 '인간 공학상 최대의 걸작이며, 그리고 또 최고의 예술품이다.'

사람과 원숭이의 걷는 자세의 차이

라고 하였다.

사람의 발이 그 만큼이나 아름답고 또 귀하다는 뜻이다. 그가 그런 말을 한 까닭은 무엇이었을까.

그 원인을 다음과 같이 생각해 볼 수 있다. 발에는 52개의 뼈가 있다. 그것은 우리 몸 전체 208개 뼈의 약 4분의 1이 되는 것이다. 그리고 발에는 64개의 근육과 건腱, 76개의 관절, 그리고 인대가 복잡하게 서로 얽혀 있다. 인간의 발은 하나의 예술 작품으로 자연이 만들어낸 걸작이다.

지구의 인력에 대해 물체가 지상에서 안정되기 위해서는 최저 3각이 필요하다. 그런데도 사람만이 두 다리로 곧게 서서 걸어다니고 있는 것이다. 정말로 이상한 일이라고 우선 인식해 주었으면 한다.

이렇게 말하면 "원숭이도 두 다리로 걷고 있잖아."라고 이의를 다는 사람이 있다. 그러나 같은 두 발로 보행한다고 해도 원숭이와 사람은 다른 것이다. 분명히 사람과 제일 가깝다고 하는 침팬지나 고릴라 같은 유인원類人猿도 두 발로 걷는 능력은 있다. 그렇다면 왜 유인원들은 단숨에 100미터를 달릴 수 없는 것일까. 그 이유는 발의 구조에 있다. 사람에게는 재거돌기載距突起라고 부르는 발 안쪽의 뒤꿈치 뼈에 불거진 데가 있고, 그것과 거골후관절면距骨後關節面이 몸을 받쳐 주고 있다. 이것은 매우 중요한 특징으로, 사람처럼 두 발로 걷는 것처럼 보이는 침팬지나 고릴라와는 전혀 다른 점인 것이다.

인간이 두 다리로 서서 걸을 수 있다고 하는 것은 엄청나게 감사할 일이지만, 공기나 물과 마찬가지로 우리는 그 고마움을 느끼지 못하고 있다. 그런데 이따금 병이 나서 누워 지내지 않을 수 없게 되면 얼마나 괴로운지를 알게 되고, 그 고마움을 느끼게 되는 것이다.

직립이족보행直立二足步行이라는 보행 기능, 두 발로 설 수 있는 기립 능력이 있다고 하는 것, 이것이 바로 인간이 다른 동물과 명확하게 구별될 수 있는 특징이다.

이것을 모르고 있었다면 인간, 또는 사람이라는 것에 대해서 이렇다 저렇다 말할 수는 없을 것이다. 최근 의학계에서 유전자 치료와 같은 어려운 말도 쓰고 있지만, 사람에 대한 이 가장 기초적인 특징을 의료인 당사자조차도 제대로 이해를 못하고 있다는 생각이 자주 든다.

두 발은 비명을 지르고 있다

발은 사람의 몸 가운데서 가장 학대받고 괴로움을 받아온 부분이다.

발에 관한 말에는 매우 가엾은 것이 많다. '발길질을 당한다.' '흙발로 짓밟히다.' 등등.

인간은 지구상에서 자나 깨나 대기의 압력, 지구의 인력과 중력을 받고 있다.

우리가 서 있거나 걷거나 달리고 있을 때에도 발은 자기의 몸무게와 기압, 인력, 중력의 모두를 떠맡는다.

이를테면 달리고 있을 때 발에 걸리는 무게는 몸무게의 3배, 뛰었을 때는 6배나 된다. 맨발로 딱딱한 아스팔트 위를 뒤꿈치를 딛고 달렸을 때에는 17G(중력)의 충격이 있다고 하는 미국의 보고도 있다. 이것은 시속 54Km로 브레이크를 걸지 않은 자동차가 담벼락에 충돌했을 때의 충격력과 같은 것이다. 사람의 발에 걸리는 충격이 얼마나 큰 지를 짐작할 수 있을 것이다.

미국족병협회美國足病協會의 조사로는 68Kg의 사람의 경우, 한 발 내딛을 때마다 몸무게의 25%를 더한 무게가 발에 걸린다는 것이다. 그러니까 85Kg이 되

걸을 때와 서 있을 때 발에 걸리는 몸무게의 차이

걸을 때 85Kg   서 있을 때 68Kg

34

는 것이다. 그리고 하루 평균 6.5Km를 걷고, 발걸음 수는 7,500보 전후라고 한다면, 하루 발에 걸리는 무게의 누계는 약 650톤 정도가 된다.

또 스텝 쇼크라고 해서 일상 생활에서 일어서거나 앉거나 걸어가거나 할 때 일어나는 자각하지 않을 만한 약간의 충격은 하루 평균 7,500회, 평생을 통해서는 약 2,000만톤의 부담이 발에 걸리고 있다. 그리고 사람은 일생 동안 평균 19만Km를 걷는다고 하니까, 지구를 네 바퀴를 돌게 되는 것이다.

이렇게 위와 아래로부터 부담이 쌓이고 쌓여 관절염, 변형성 관절염, 요통 같은 것을 앓게 되는 것이다. 또 그러한 충격이나 피로가 골조송증, 치매, 당뇨병 등의 만성 질환에도 깊이 관계하고 있다는 것이 최근에 밝혀졌다.

그런 터무니없는 중노동이 떠맡겨져도 우리의 발은 그냥 묵묵히 견디며, 몸을 지탱하고, 움직이고 있는 것이다.

이런 천문학적인 중노동을 끊임없이 받고 있는 발에 더욱 손상을 주는 것이 신발이다.

인간의 발은 고성능

발을 돌본다고 해서 전혀 충격을 받지 않도록 하면 좋을 것 같지만, 그렇게 하면 또 다른 문제가 발생한다.

인간은 어느 정도의 자극이나 쇼크가 주어지면, 거기에 대항하려는 강한 힘이 생겨나도록 되어 있다. 때문에 어떠한 충격도 없다면 발은 약해지고 마는 것이다.

다행히 사람의 발은 두 발로 보행하는 데서 오는 핸디캡을 극복할 수 있도록 매우 뛰어난 구조로 되어 있다.

발가락은 사람의 몸 가운데서 가장 운동성이 높다. 발가락은 몸 전체를 버티고, 지면을 걷어차고 걸을 수 있게 한다. 발등은 유연성이 커서 착지할 때 발에 걸리는 쇼크를 완화시켜 준다. 또 뒤꿈치는 단단히 발을 받쳐 주고 제어하는 역할을 하게 된다.

그러니까 신발을 고를 때는, 그런 발의 구조를 충분히 감안해서 발을 보호해 주는 것으로 골라야 하는 것이다.

36

〒 발에 걸리는 몸무게는?

우리의 몸무게는 발이 지탱하고 있지만 발바닥 전체가 균등하게 몸무게를 받고 있는 것은 아니다.

맨발로 정지한 상태에서 똑바로 서면 몸무게의 2분의 1은 뒤꿈치가, 엄지발가락 뿌리가 4분의 1, 나머지 네 개의 발가락 뿌리에 4분의 1이 걸려 있게 된다.

만약 뒤꿈치를 올리고 가게 되면 뒤꿈치에 걸리는 몸무게가 줄고, 그만큼 발가락 뿌리에 걸리는 무게가 커지는 것이다. 그 변화는 다음 그림(p 38)과 같다.

뒤꿈치의 높이가 9Cm인 하이힐을 신게 되면 맨발인 때와는 달리 뒤꿈치에 걸리는 몸무게는 2분의 1로 줄고, 그 나머지는 굽은 발가락 뿌리로 이동하게 되는 것이다. 걷게 되면 몸무게의 20~30%가 증가하고, 이때 증가된 무게도 발가락 뿌리에만 걸리게 되는 것이다.

몸무게가 발에 걸리는 비율을 측정하는 방법은 여러 가지가 있고, 예로 든 것은 대략적인 기준이다.

발바닥에 걸리는 몸무게의 변화

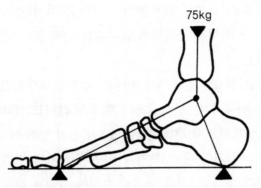

75kg

발가락 밑동 16.7kg 뒤꿈치 58.3kg

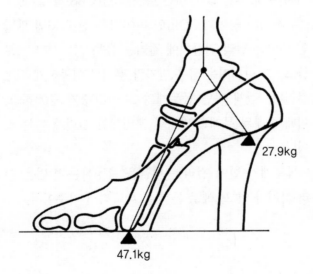

27.9kg

47.1kg

38

ㄱ 스트레스의 원인은 「발」과 「신발」

사람이 아직도 신발을 신지 않고 맨발로 걷고 있었다면 사람의 건강은 월등히 좋았을 것이다.

1988년, 스트레스 국제학회에서 노벨 의학상으로 유명한 스웨덴의 카로린스카 대학의 레나드 레비 교수가, "여러분, 인간은 건강하기 위해서 신발을 신고 생활하고 있습니다. 그런데 왜, 신발이 건강에 어떻게 관련되고 있는가를 공부하지 않는 겁니까."라며 발과 신발의 문제를 처음으로 제기했다.

"사람은 보통 하루에 8시간, 많은 사람은 14~15시간, 태어나서 1년 동안을 빼고는 죽을 때까지 신발이라는 고형물 속에 발을 넣은 채 생활하고 있는 것이다. 그것이 사람의 건강에 전혀 영향을 주지 않는다고 생각하고 있으니, 얼마나 어리석은 일인가. 먹는 것, 난방, 입을 것 등과 스트레스와의 관계는 숱하게 논의하고 있지만 발과 신발에는 거의 신경을 쓰지 않고 있다. 하지만, 건강을 위해 신발에 보다 더 주의를 기울이지 않으면 안 된다. 스트레스의 원인에 대해서는 여러 가지 논의가 일어나고 있으나, 발이 얼마나 스트레스의 근원이 되고 있는가에 대해서는 거의 논의가 없

다."라고 계속해서 말했다. 그것은 내가 입이 닳도록
말하고 있던 문제였다.

현재, 실제로 볼 수 있는 인류 최초의 신발은 의식
용 샌들이다. 그러나 처음으로 사람이 신은 신발은 아
마도 뾰족한 돌이나 나무 뿌리, 또는 뜨거운 모래나
찬물에서 발을 보호하기 위해서 생겨난 것이라고 생
각된다. 나우만 코끼리나 맘모스 사냥을 하던 사람들
이 맨발이었다고 생각하기는 어려울 것이다.

인간은 고도의 문명을 이룩했다고 자신만만해 한
다. 그러나 자기 발 밑을 다시 보고, 본래 발의 기능
을 높이고 보호해야 할 신발이 반대로 발을 조여서 아
프게 하고 있다는 대단히 중요한 문제를 자각해야 할
것이다.

구 시간마다 사이즈가 변한다?

사람의 몸은 저마다 다르고 매우 개성적이다.
근육, 골격, 발의 모양, 무릎의 생김새 등 모
두가 사람마다 다르다. 또한 한 사람일지라도 나이에
따라서 모양이나 기능에 변화가 있다. 그 중에서도 발
은 이상하게도 의자에 앉아서 다리를 꼬고 있을 때와,

걷기, 달리기, 뛰기와 같은 운동을 했을 때와는 모양도 크기도 미묘하게 달라진다. 그러니까 신발도 그때그때 모양이 바뀌면 문제는 없을 텐데 아직 그런 신발은 연구되지 않았다.

발은 아침 저녁으로 그 크기가 달라진다. 아침에 잠에서 막 깨었을 때의 발은 전혀 팽창하지 않은 상태인데, 저녁 때는 3~5%나 부어올라 커지게 되는 것이다. 그래서 보통 "신발은 저녁 때 사는 거야."라는 말을 하는 것이다. 인체의 기관들 중 하루에 이만큼 변하는 곳은 발밖에 없다.

그러니까 섰다가 앉았다가 걸어다니거나 해서 발이 팽창한 상태일 때의 발에 신발을 맞추는 것이 올바른 방법이다.

몸의 상태나 계절에 따라서도 발의 크기는 미묘하게 달라진다. 겨울에는 좀 작고 여름에는 좀 커져 있는 것이다. 또 여자는 임신 중이나 생리 중에 발이 커진다. 성인의 경우 계절의 변화도 임신도 아닌데 발의 크기가 갑자기 변했다면 건강에 이상이 있을 가능성이 크다. 이럴 경우 아무쪼록 건강을 체크해 보기 바란다.

사람의 발은 좌우가 같은 크기는 아니다. 왜 다른가 하면 아무래도 뇌의 기능 분포와 관계가 있는 것 같다. 우뇌는 예술적이며 직관적인 것, 좌뇌는 수학적이며 이론적인 것을 다스린다고 대뇌 생리학에서 말하고 있는데, 그와 관련이 있는 것 같다. 그런데 시판되고 있는 신발로 좌우의 크기가 다른 것은 없다.

　시내 어떤 백화점에서 0.24Cm 단위로 좌우를 따로 살 수 있는 신발을 시험 삼아 판매했는데 의외로 반응이 좋아 정식으로 코너를 마련했다고 한다. 지금은 여성용 구두 한 종류뿐이지만 앞으로 여러 가지 제품을 생각하고 있다고 한다.

　이것은 백화점측에서는 불편한 판매 방법이라고 한다. 보통의 신발에 비해 재고가 4배나 되고, 점원도 특별한 교육을 시켜야 하기 때문에 마케팅 이론상 좋다고 할 수 없다는 것이다. 그러나 커다란 반향을 불러 일으켰던 만큼 연구와 개발을 추진한다는 것이다. 소비자의 수요에 호응할 수 있는 점포가 전국적으로 더 늘어나기를 바란다.

제 2 장

■

바르게 단련하고, 따뜻하게 보살핀다

두 노화는 발에서 시작된다

언제나 젊다고 해도 마음일 뿐, 누구나 나이를 더한 만큼의 노화는 진행되고 있다. 그것을 제일 빠르게 느끼는 곳은 어디일까.

머리카락이 가늘어졌다. 얼굴의 주름이 깊어진 것 같다. 피부에 탄력이 없다. 신문을 읽기가 거북하다. 저도 모르게 "어영차!" 소리를 지르고 물건을 들어올린다. 등등……, 그것도 모두 노화의 증거이지만 실은 전신의 노화는 발에서부터 온다.

때문에 노화 방지에 가장 좋은 트레이닝은 걷는 것

이다.

다이어트를 위해 스포츠센터에 다니거나 먹고 싶은 것을 참는 것보다는 걷는 것이 돈도 안 들고 손쉽고 효과적이다.

요즘은 중·노년층이 중심이 되어서 각지에서 '걷기 모임'이라는 동호회 활동도 벌이고 있다.

'걷는 것'은 몸과 발을 위해 꼭 권하고 싶은 방법이다.

〒「걷는 것」을 의식한다

걷는 것이 좋다고는 해도 그냥 걸으면 다 좋다는 것은 아니다.

아이 쇼핑을 할 때처럼 어슬렁거리는 걸음으로는 몇 시간을 걷는다고 해도 건강에는 별로 도움이 안 된다.

그 이유는 뇌의 명령으로 움직일 수 있는 근육(수의근)이나 기관은 뇌의 명령을 통해 움직이도록 해야만 운동 효과를 볼 수 있기 때문이다.

근육 마비를 예로 들면 그 현상을 쉽게 이해할 수 있을 것이다. 전혀 감각이 없을 때는 아무리 정성껏 마사지를 해도 환자가 전혀 느끼지 못한다. 근육 마비 치료에서 가장 중요한 것은 환자 자신이 의식적으로 손발을 움직이는 것이 중요하다. 아무리 뛰어난 물리 치료사가 완벽한 마사지를 하더라도 남이 해 주는 것만으로는 효과가 없다.

오십견五十肩, 어깨 결림, 요통, 건초염腱鞘炎 등의 경우에도 의사에게 비타민제를 처방해 달라거나 특효약을 주사해 달라거나, 또는 침이나 지압, 마사지를 해 달라기보다는 스스로 조금씩 움직이는 편이 훨씬 효과적이다.

"아이고 허리야, 아이고 다리야."하며 움직이지 않고 가만 있지 말고 가벼운 체조로 천천히 무리하지 않는 범위에서 몸을 움직이도록 한다. 만약 가벼운 체조마저 벅차다면 머리의 무게를 이용해서 목을 천천히 돌리는 것이 사실은 남에게 어깨를 두들겨 달라는 것보다 효과적이다.

걸을 때도 "자아, 건강을 위해서 걷자."라고 스스로 단단히 의식할 것! 그러면 그 명령이 뇌로부터 손발의 근육에 전해지는 것이다.

바르게 걷는 법의 첫 번째 수칙은 '걷는 것을 의식하는 것'이다.

의식을 하고 걷는 것은 근육을 위해서만이 아니

고, 뇌의 반사 신경을 기르는 데도 효과적이다. 계속적으로 실행하다 보면 의식하지 않더라도 저절로 바르게 걷게 되는 것이다. 이를테면 하이킹을 하며 경치를 즐기면 마음과 몸이 함께 단련되는 것처럼 말이다.

ᅮ 도시에서 살면 허리를 상한다?

지방, 그것도 오지 같은 데서 살던 사람이 이따금 도시에 올라오면 대개 다리와 허리가 피곤해진다고 호소한다.

일반적으로 사람들은 모두가 성급하게 걷는 편이다. 그것은 무엇보다도 다리와 허리에 충격을 주는데, 특히 땅바닥의 상태는 그 충격과 밀접한 관계를 가진다.

대도시의 도로는 모두 아스팔트나 콘크리트로 포장되어 있고, 상점이나 지하상가 같은 데는 인공 대리석이나 타일을 깔고 있다. 빌딩 안에도 타일이나 딱딱한 화학 섬유로 된 깔개로 덮여 있다.

그런 단단한 바닥은 발, 무릎, 허리에 커다란 충격을 주게 된다.

48

그러니까 시골의 부드러운 흙길에서 지내던 사람이 딱딱한 바닥밖에 없는 도시에 모처럼 오면 발이나 허리가 쉽게 피곤해지는 것은 당연하다.

반대로 콘크리트 정글에서 자라서 체력이 두드러지게 떨어져 있다는 도시의 어린이들도, 자연 학습이나, 걸어서 소풍 갈 때 흙바닥 길이나, 나무뿌리나 돌멩이가 굴러다니는 산길을 걷게 하면, 15~16Km는 끄떡없이 걸어가는 것이다.

도시 아이들을 데리고 캠핑 가서 "평편하게 포장된 길이든 비탈진 산길이든 마음대로 골라서 가도 좋다."고 말하면 대부분의 아이들은 아스팔트 길을 골라서 간다. 하지만 시골길을 걸어 본 경험이 있는 아이들은 반드시 산길을 택한다. 그리고 그들은 야영지에 도착해서도 식사 준비까지 솔선해서 한다. 하지만 포장 도로를 걸어 온 아이들은 텐트에 축 늘어져서 발을 문지르고 있기 십상이다.

그러니까 모처럼의 걷기를 하는 것이라면 가깝고 넓다란 공원 같은 데서 흙바닥을 걷도록 하는 것이 발이나 허리에 좋은 것이다. 푹신푹신한 낙엽을 밟거나 부드러운 모래터 같은 데가 있다면 더할나위 없이 좋을 것이다.

〒 잘못된 방법으로 걸어가고 있지 않은가?

'갓난아기 때부터 줄곧 걸어다녔는데 새삼스럽게 바른 걸음 법이라니……' 라고 간단히 생각해선 안 된다. 상당히 잘못된 걸음 습관을 가진 사람들이 많다.

그냥 걷는 것이 아니고 건강하게 걷고 싶다면 단단히 뒤꿈치를 딛고, 뒤꿈치부터 발의 바깥쪽으로 몸무게가 이동했다가 다시 바깥쪽에서 안쪽으로 이동한 몸무게가 제5지第五趾에서 차례로 저마다 발가락의 중족지절관절中足趾節關節(볼 조인트)을 이동하면서, 마지막으로 엄지발가락의 뿌리를 차는 것처럼 움직여야 올바른 보행이 되는 것이다.

그것을 '완벽한 관절의 조화' 라고 하고, 그 조화가 제대로 이루어지는 동안은 건강한 걸음을 걸을 수 있다. 그런데 노화가 오면 이 조화가 차츰 깨지게 되어 발톱 끝으로 착지하게 된다. 이렇게 되면 발 뿌리가 어딘가에 걸리기 쉽다.

나이가 들면 방문턱같이 아무 것도 아닌 데에 발 뿌리가 걸려 뜻하지 않게 큰 상처를 입을 수 있다. 맨발로 있어도 그런데 신발을 신고 밖을 걸어다닐 때는 어지간히 조심하지 않으면 안 된다.

50

서양인과 비교하면 일본인의 걸음걸이는 고양이처럼 등이 굽고, 턱을 내밀고, 안짱다리에 보폭이 좁고, 종종걸음으로 보인다. 서양인은 팔을 크게 흔들며, 큰 걸음에 적당한 스피드도 있다. 옛날 영화에 소녀들이 숙녀가 되기 위해 두툼한 책을 머리에 올려놓고 똑바로 앞을 보고 걷는 연습을 하는 장면이 있었다. 등줄기가 곧게 뻗어 있고, 머리가 흔들리지 않는 것이 아름다운 걸음법인 것이다.

누구라도 무릎 뒤와 등줄기를 곧게 뻗고, 턱을 안으로 당기고, 팔을 크게 흔들며, 보기 좋게 걷고 싶을 것이다.

ㄱ 이런 걸음걸이가 병을 부른다

걸음걸이가 잘못되면 보기에 안 좋을 뿐만 아니라 뜻하지 않는 병을 부를 수도 있다. 잘못된 걸음걸이와, 그것에 의해서 일어나는 병에는 다음과 같은 것이 있다,

1 게걸음
천천히 걸어도 쉽게 피로해지며, 요통의 원인이 되

기도 한다. 또 앞으로 구부리는 상태가 계속되면 위를 압박해서 위장을 약하게 만든다.

게다리인 사람은 신발 바닥의 바깥쪽이 닳기 쉽고, 또 그것이 게다리를 더욱 조장한다. 두 발을 가지런히 하고 서서 힙을 들어올리듯 해서 건과 허벅지를 조여준다. 두 발이 착 달라붙도록 매일 20분쯤 트레이닝하면 차츰 게다리가 바르게 펴진다.

② 고양이 등 모양의 걸음

무릎이 휘면 보기에도 아름답지 못할 뿐만 아니라 어깨 결림, 요통, 신경통을 초래한다. 상체의 굴신屈伸 운동을 꾸준히 하고, 걸을 때에는 큰 유리창 등에 비치는 자신의 모습을 보며, 의식적으로 굽은 등을 바로잡도록 한다.

③ 안짱다리 걸음

어떤 이는 이 걸음걸이가 여자다운 걸음걸이라고 말하지만 결코 탐탁스런 걸음걸이는 아니다.

X다리의 사람에게 많은데, 여러 해 동안 이렇게 걷다 보면 발톱 끝이나 아킬레스건을 충분히 쓰지 못하게 된다. 그 상태가 오래 되면 혈행이 나빠져 못이 박히거나 냉증이 되는 것이다.

④ 비틀비틀 걸음

하이힐을 신고 있는 사람에게 많다. 머리가 상하좌우로 비틀비틀 흔들리는 걸음걸이다. 두 말할 것도 없이 발, 무릎, 등뼈에 큰 부담을 주며, 정신적으로도 불안정해진다.

─ 보행 자세의 체크 포인트

자기가 어떤 걸음걸이를 하고 있는지 자신은 좀처럼 알기 어렵다. 길모퉁이에 있는 커다란 쇼윈도 같은 데다 자기가 걸어가는 모습을 비추어 보고 다음과 같은 것을 체크해 보도록 한다. 자기 자신의 건강을 위한 것이니 부끄러워할 것은 없다.

① 옆모습(걸어가면서도 된다)을 비춰 보고 등줄기가 곧게 뻗어 있는가

② 걸을 때 한 쪽 발을 뒤로 보내져도 목과 머리 부분이 바로 펴져 턱이 당겨진 상태인가

③ 등골을 세운 채 가슴을 펴고, 배를 꽉 조이고 걷고 있는가

④ 머리나 몸이 흔들리고 있지 않은가

⑤ 일직선으로 똑바르게 걸어가고 있는가

〒 바르게 걷는 법이란

먼저 건강을 위해 걷는다는 것을 분명히 인식한다. 뇌에서 발과 허리의 근육에게 "자아, 걷는 거다."하는 명령이 전달된다. 그런 다음 실제로 걷기 시작한다.

그럼 바르게 걷는 법이란 어떤 것일까.

① 리드미컬한 빠른 걸음으로

보통으로 걷는 것보다 좀 빠르게 20분쯤 걸어 약간 땀이 배어나올 정도가 알맞은 속력이다. 걷는 속도의 기준은 다음과 같다.

　　　보통 · · · · · · · · · 80m/분

　　　조금 빠른 걸음 · · · · 90~100m/분

　　　빠른 걸음 · · · · · · 100~120m/분

　　　경보 · · · · · · · · · 160m/분

체력에 자신이 없는 중장년층이 걷기 운동을 시작할 때는 조금 빠른 걸음으로 1~2개월 하고, 익숙해지면 빠른 걸음으로 걷는 것이 좋을 것이다. 건강상 속도의 한계는 120m/분이다.

54

② 보폭은 넓게

보폭이 작으면 같은 거리를 걷는 데도 걸음 수가 많아져 발에 부담이 커지고, 피로해지기 쉬워진다. 걸을 때는 큰 보폭이 바람직하다.

빠른 걸음으로 걸으면 보폭도 저절로 커진다. 보폭을 크게 하면 저절로 내딛는 쪽의 뒤꿈치부터 착지하게 되고, 그때의 발바닥과 지면과의 각도는 45°쯤으로, 땅바닥을 힘껏 걷어차는 듯한 걸음걸이가 되는 것이다.

이렇게 걸으면 발바닥과 전신의 근육이 활성화된다. 또 보폭이 넓어지면 고관절股關節, 슬관절膝關節의 부하가 커지고, 그 주위의 근육을 강화시킨다. 또한 아킬레스건도 강화되며, 발가락 끝의 커다란 굴신 운동으로 혈행이 좋아진다.

③ 허리가 흔들리지 않을 것

휘청걸음으로 걸을 때는 허리가 좌우로 흔들리기 마련이다. 허리가 좌우로 흔들리지 않도록 주의한다. 허리가 흔들리게 되면 허리와 무릎이 상하게 된다.

④ 등줄기를 뻗고 팔을 크게 흔든다

머리 위쪽으로 등줄기가 당겨지는 것 같은 느낌으

로 곧게 뻗고, 팔은 앞뒤로 크게 흔들면서 걸으면 기분이 상쾌해진다. 그리고 무슨 일에나 의욕을 갖게 만들어 정신적으로도 매우 좋은 상태가 된다.

5 부드러운 땅바닥을 걷는다

아무 곳이나 걷는다고 같은 효과를 볼 수 있는 것은 아니다. 도시에서는 매우 어려운 일이지만, 모래터, 풀밭, 흙바닥 같은 부드러운 땅을 걷는 것이 제일이다. 단단한 아스팔트 위를 걸으면 발바닥의 근육이 긴장되는 반면 자연의 길은 울퉁불퉁한 변화가 있고, 탄력이 있기 때문에 근육이 적당히 풀리게 된다. 안전한 모래터라면 맨발로 걷는 것이 건강에 가장 좋은 방법이다.

가까운 데 있는 큰 공원, 산책로 등, 되도록 자연 상태의 길을 찾아서 걸을 것을 권한다.

현대인에게 많은 고혈압, 심장병, 당뇨병, 고지혈증高脂血症 등의 치료에 의사는 식이요법, 약제의 투여뿐만 아니라, 반드시 '걸을 것'을 권한다. 갖가지 데이터들은 이러한 심각한 질환에는 조깅이나 극단적인 웨이트 트레이닝 등의 스포츠보다도 매일 계속해서 그냥 걷는 편이 훨씬 효과적이라는 것을 밝히고 있다.

바르게 걸으며 몸무게를 무리 없이 낮추는 방법으로, 몸 전체의 기능이 활성화되어 중장년층에게 많은 무릎의 통증, 요통 같은 것이 상당히 완화된 예가 많다.

〒 기준은 하루 1만 보

하루에 얼마큼 걷는 것이 건강에 좋을까.

성인병 검사 후 의사로부터 "걷는 게 좋겠군요."라는 말을 들었다면, 바른 걸음법으로 조금 땀이 배어날 정도로 하루 1만 보, 하다 못해 40분 정도 걸으면 좋을 것이다. 즉, 일상적으로 걷는 한 시간에다 40분을 보탠다는 것이다.

우리는 일상 생활에서 얼마쯤 걷고 있을까.

평균적으로 성인은 하루 4.5Km, 걸음 수로는 대략 6,000보라고 한다. 책상에서 일을 하고, 자가용으로 출퇴근하는 사람, 운전사, 외출이 적은 주부 같은 사람은 하루 1,000보쯤밖에 걷지 않으며, 회사 중역 같은 사람은 언제나 차로 이동하기 때문에 더 걷지 않을 것이다.

그런 사람의 경우는 절대적으로 운동이 부족한 상

태이다. 자각하지 못하는 사이 폐용성위축廢用性萎縮으로 발은 서서히 시들어간다. 다리의 힘이 시든 상태로 휴일에 갑자기 골프나 테니스를 치거나, 산길을 걷게 되면 발에도 몸에도 좋지 않은 것이다.

성인이 하루에 필요로 하는 운동량은 300Kcal다. 그것을 소비하려면 빠른 걸음으로 1만 보는 걸어야 한다. 매일 아침 공원 같은 데를 40분쯤 걷는 것이 좋겠지만 바쁜 도시인에게는 무리일 것이다.

대도시라면 하다 못해 전철역 한 구간, 버스 정류소 3구간쯤은 걷도록 하는 것이 좋다. 또 빌딩 안에서도 5층 정도까지는 엘리베이터를 타지 않고 계단을 이용하는 것만으로 상당한 운동이 된다.

주의해야 하는 것은, 지금까지 전혀 운동을 않고 있던 사람이 생각이 났다고 해서, 어느 날 갑자기 분속 120미터로 팔을 휘두르며 40분이나 걸어다니면 안된다. 특히 심장병, 요통, 당뇨병인 사람은 먼저 의사와 상담하고 나서 무리 없이 걷도록 한다.

무슨 일이나 지나치면 모자람만 못하다. 아무리 건강에 좋은 걷기라도 지나치게 무리하면 발의 건강은 커녕 무릎이나 허리를 상하게 만든다.

두 걷기에 적합한 신발을

더 말할 필요도 없는 일이지만 걷기 전에는 반드시 신발을 점검하도록 한다. 자신이 운동 부족이라고 생각하고 있는 사람이 신고 있는 신발은 걷기에 적합하지 않은 신발이 많다. 그런 신발로는 발이 아프거나 피로해지기 쉬워 오래 걷지 못한다. 애써서 걷다가도 택시를 보면 손을 들어 버리고, 버스 정류장 앞에서는 멈춰 서고 마는 것이다.

쾌적하게 걷기를 계속하기 위해서는 우선 물집이나 티눈 같은 병을 치료하고, 제6, 7장을 참고로 해서 자기 발에 꼭 맞는 쿠션이 좋은 가벼운 신발을 고르는 것부터 시작해야 한다.

거리에서 산책하는 사람을 보면 러닝 슈즈를 신고 있는 것을 곧잘 보게 된다. 건강을 위해서 걷기를 할 때는 선수용 러닝 슈즈는 오히려 발에 좋지 못하다. 걷기에 적합한 신발을 신고 즐겁게 걷도록 하는 것이 좋다.

〒 일행과 함께 걸을 때는

 발이나 몸의 컨디션은 사람에 따라 천차만별
이다.

건강을 위해 자신의 페이스대로 무리 없이 걷고 싶
을 것이다.

그렇지만 혼자서는 도무지 오래 가지 않는다면 '걷
기 모임' 같은 것을 만들어 함께 하는 것도 좋을 것이
다. 일행이 있으면 가까운 공원뿐만 아니라 날씨가 화
창한 날에는 좀 멀리 근교의 적당한 산으로 하이킹을
가서 삼림욕으로 긴장을 풀어 주는 것도 즐거운 일이
될 것이다.

단체로 걸을 때 염두에 둘 점은 제일 피로하기 쉬운
사람을 기준으로 삼아 결코 무리하지 않는 것이다.

발목이나 장딴지에 아픔을 느끼기 전에 굴신을 하
거나, 나무에 손을 짚고 아킬레스건에서 정강이 언저
리를 뻗는 운동을 하는 등, 간단한 스트레치로 몸을
풀어 주며 휴식을 취해야 한다.

丅 무리한 조깅은 역효과

체력에 자신이 있고 스포츠로 몸이 단련된 사람은 날마다 40분씩 답답하게 걷는 것보다는 휴일에 조깅을 하는 편이 좋을 거라고 생각하기 쉽다. 그러나 그것은 큰 잘못이다.

안전하고 효율적인 운동의 강도는 최대 심장박동 수의 50～70%다. 그 이상이 되면 숨이 거칠어지고, 당장이라도 심장이 입으로 튀어나올 것처럼 괴로워진다. 이 지경이라면 운동의 효과는커녕 역효과만 불러올 뿐이다. 정말이지 심장 마비를 일으킬 수도 있어서 위험하다. 다음 숫자를 참고하기 바란다.

● 연령과 운동시의 심장박동 수의 관계

20대	125 ～ 150박 / 분
30대	120 ～ 145박 / 분
40대	115 ～ 140박 / 분
50대	110 ～ 135박 / 분
60대	110 ～ 125박 / 분

이 숫자는 물론 수면도 충분히 취하고 식사도 제대로 한 건강한 사람의 경우다. 병을 앓고 난 뒤나 만성

질환이 있는 사람, 또 오랜 동안 운동 부족인 생활을
하던 사람은 심장박동 수가 위의 평균치보다 더 낮을
때 중지해야 한다.

 기력과 체력은 같은 것이 아니다. 젊은 시절에 몸을
단련했다고 해서 결코 무리를 해서는 안 된다.

 전 올림픽 선수나 프로 야구 선수였던 사람들같이
젊은 시절에 심한 운동을 한 사람일수록 같은 나이의
보통 사람보다도 뼈 같은 곳의 노화는 심한 편이다.
오래 된 자동차라고 차고에만 넣어 두면 더 못 쓰게
된다. 이런 차의 엔진을 갑자기 풀 회전시키나 전속
력으로 달리게 한다면 어떻게 될까. 틀림없이 자동차
는 망가지고 말 것이다. 사람의 몸도 마찬가지, 나이
가 거듭될수록 소중히 돌보면서 무리 없이 잘 움직이
는 것이 중요하다.

 발 뒤꿈치에 가해지는 무게는, 빠른 걸음으로 가면
몸무게의 1.5배, 조깅으로는 2배가 된다. 뛰어올랐
다가 착지하면 6배나 되는 엄청난 무게가 가해진다.
특히 포장도로에서 쿠션이 없는 신발을 신고 운동을
하게 되면 발목, 무릎이나 허리를 다치게 된다.

구 수영으로 젊음을 유지한다

수영은 전신 운동이다. 수영은 발만을 위한 운동이 아니고, 누구에게든 권할 수 있는 운동이다.

물 속에서 발을 안 쓰고 헤엄칠 수는 없을 것이다. 특별히 어떻게 헤엄을 치는 것이 좋다고 하는 표준은 없다. 어떤 형태든 수영이면 되는 것이다.

접영이나 평영은 허리에 좋지 않다고 말하는 의사도 있다. 그런데 수영뿐만 아니라 어떤 운동을 하더라도 갑자기 심하게 움직이면 몸이 상하는 법이다. 골프도 테니스도 느닷없이 시작하면 몸에 좋을 까닭이 없다. 그러니까 느닷없이 풀에 뛰어들어 무리하게 헤엄을 치면 누구라도 무릎이 상할 것이다. 충분히 준비운동을 한 뒤 물 속에 들어가 자기에게 편한 방법으로 헤엄을 치면 되는 것이다

참고로 접영은 수영 가운데 제일 허리의 근육을 많이 쓴다. 그러니까 바르게 접영을 하면 허리의 근육이 단련이 되고, 또 허리와 발의 신경은 이어져 있으므로 발의 건강에도 매우 효과가 있다.

필자 역시 수영을 좋아해서 잠깐 시간이 나면 수영장을 찾고 있다. 골프나 테니스는 상대를 찾아야 하고

시간도 걸리지만, 수영이라면 수영 팬티 하나만 들고
혼자서 편하게 운동을 할 수가 있다. 아무래도 수영
덕분에 필자도 젊음을 유지하고 있는 모양이다.

〒 수중 워킹으로 효과가 뛰어나다

수영이 어렵다고 하는 사람은 수중 워킹을 하
는 것만으로도 족하다. 물 속에서 발을 움직이
는 것은 매우 좋은 발 건강법이다. 또 발이나 허리가
아픈 사람, 비만한 사람이 걷거나 조깅을 하는 것은
되려 몸에 부담을 준다. 그런 사람은 수중 워킹으로
약해진 발을 단련하는 것이 좋다. 물 속에서는 부력이
몸무게를 가볍게 만들어 발이나 허리에 미치는 부담
을 감소시킨다. 그리고 물의 저항으로 운동 효과는 육
상에서보다 올라간다.

준비 운동과 발 주무르기 운동을 하고 나서, 가슴께
까지의 깊은 물에 들어가 하는 것이 좋으며, 쉬어가면
서 해도 좋지만 매일 500m는 걸어야 한다.

수중 워킹의 방법은 아래와 같다.

① 물의 저항에 버티며, 뒤꿈치부터 단단히 풀 밑바
닥을 꽉 딛고, 의식적으로 걸어차듯 조금 큰 걸

음으로 걷는다. 손으로도 물을 헤치며 천천히 걸어간다. 깡충깡충 뛰면서 빠르게 걷는 것은 좋지 못하다.

② 익숙해지면 손을 좌우로 크게 벌린 채 발만으로 걷는다.

③ 편하게 걸을 수 있게 되면, 뒤로 옆으로 자세를 바꾸어 가며 크로스 걸음을 한다.

④ 크로스 걸음으로 걸어도 밸런스가 잡힐 정도가 되면, 옆을 보고 발을 마음껏 크게 벌리고 이동하는 사이드 스텝을 천천히 시도한다.

이런 간단한 운동만으로도 발과 몸의 건강은 몰라보게 좋아질 것이다.

두 계단을 이용해서 트레이닝

정기적으로 수영장에 다니는 것이 불가능한 비즈니스맨일지라도 발의 트레이닝을 게을리하면 안 된다.

일상생활에서의 방법으로는, 근처에 얼마든지 있는 계단을 효과적으로 이용하는 것이다. 특히 올라갈 때

계단을 이용하면 심장과 폐의 기능이 강화되는데, 이 것의 운동 효과는 걷기의 5배라고 한다. 언덕 위에 사는 사람이나 엘리베이터가 없는 3~4층의 건물에 살고 있는 사람은 병원에 가는 비율이 적다고 하는 통계도 있다.

또, 매일 출퇴근하는 데 차를 갈아타려면 계단을 너댓 번 오르내리지 않을 수 없을 것이다. 또 회사나 자택도 고층 건물이나 맨션 같은 것이 많아지고 있기 때문에 짧은 여유를 가지고, 엘리베이터나 에스컬레이터를 이용하지 않고 계단을 오르내린다면 손쉽게 발을 단련시킬 수 있다.

이런 간단한 운동으로 노화를 막을 수 있고, 비즈니스의 효율도 높일 수 있다. 이제부터라도 계단 이용을 생활화하기를 바란다.

두 넘어지기 전에 지팡이

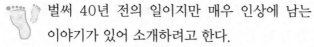 벌써 40년 전의 일이지만 매우 인상에 남는 이야기가 있어 소개하려고 한다.

1957년 미국 정형외과 학회에서의 닥터 브랜든 회장의 강연장에서의 일이다. 브랜든 박사는 대단히 명

망 있는 정형외과 의사였는데, 평생을 건 가장 자신
있는 학문적 업적에 대한 강연의 주제는 '지팡이를
손에서 놓지 말라.'였다. 자신이 수술한 풍부한 증상
의 사례에서, 수술 후 지팡이를 쓴 사람과 쓰지 않은
사람이 어떻게 달랐는가를 발표하는 것이었다. 당시
정형외과의 수술에서는 "내 수술은, 끝난 지 며칠만
에 환자가 지팡이를 안 쓰고 걷게 될 거야."라며 의사
들 사이에 성적을 겨루는 관습이 있었다. 그러나 브랜
든 회장은 강연에서 "그래가지고는 안 된다. 노화는
인간이 피하지 못할 일이다. 수술을 한 환자는 언제까
지나 지팡이를 짚고 수술한 곳을 보호해야 한다."고
말했던 것이 인상 깊게 남아 있다.

사람이 두 발로 서 있을 때와 한 발로 서 있을 때 고
관절股關節에 걸리는 힘은 어떻게 다를까. 단순히 2배
라고 생각하기 쉽지만 그렇지 않다. 지렛대의 원리가
작용하여 4배의 힘이 걸리는 것이다. 때문에 지팡이
를 쓰면 안 좋은 쪽 발에는 4분의 1의 힘밖에 걸리지
않게 된다.

지팡이를 쓰면 일시적으로 3각 상태가 이루어져 몸
이 매우 안정되게 걸을 수 있다. 중년을 지나면 몸무
게가 서서히 느는 것에 비해 지탱하는 발 쪽의 뼈나
근육은 쉽게 노화되어 무르고 약해진다. 길을 가다 가

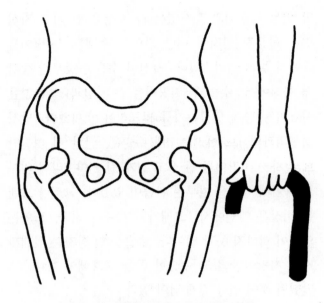

**지팡이를 짚었을 때의 고관절에 걸리는
힘이 줄어드는 모양**

지팡이에 걸리는 중량 (Kg)	고관절에 걸리는 중량 (Kg)
0	174.79
9.08	99.88
14.98	51.30
17.25	29.96

볍게 넘어져도 쉽게 골절되기도 한다. 그러다 만약 대퇴골경부골절大腿骨頸部骨折이라도 당하게 되면 자리에서 못 일어날 수도 있다.

"지팡이를 쓰면 늙은이 같아서 모양이 안 좋다."고 말하지 말고 '넘어지기 전에……'라고 생각해 발 힘에 자신이 없는 환자나 60세 이상의 고령자는 멋을 부리는 기분으로 외출시 지팡이를 쓰도록 권유하고 싶다.

아무 지팡이라도 좋다는 것은 아니다. 지팡이의 길이는 팔을 바로 옆으로 들어올렸을 때 가슴 중앙부에서 가운데 손가락까지가 적당하다. 모양은 손잡이가 T자형이나 L자형이 좋을 것이다. 우산에서 볼 수 있는 J자형은 손잡이에다 몸무게를 걸기에는 그리 튼튼하지 못해 별로 권하고 싶지 않다.

먼 길을 걸을 때는 젊은 사람도 지팡이를 짚는 게 좋다. 평소부터 발과 허리를 특별하게 단련을 한 사람이라면 모를까, 일요일에만 등산을 하는 사람, 그것도 긴 거리를 등산할 때에는 지팡이를 쓰도록 해야 한다. 그래야만 발과 허리에 무리한 부담을 주지 않는 적당한 운동이 된다.

【註記】
발가락은 '족지足趾'라고 해서 '趾'라고 쓰는 것이 옳다.
영어의 'toe'다. '지指'는 손가락 '수지手指' 'finger'다.
보통 어느 쪽도 '지指'라고 쓰지만, 학문적으로 정확하게
는 '지趾'란 발가락을 뜻하는 것이다. 이 책에서 발가락은
'趾' 손가락은 '指'라고 바르게 쓰기로 한다. 또 손가락은
'엄지' '검지'라고 말하지만, 발가락은 '모지母趾' '제2
지第二趾'라고 한다.

제 3 장

∎

현명한 발의 건강법

丆 발의 건강도를 체크한다

자신의 발이 얼마나 건강한가, 또 얼마큼 노화해 있는가, 다음의 테스트로 체크할 수 있다. 그러나 허둥대며 시작하는 것은 금물이다. 먼저, 현재 무릎의 통증, 요통 등 이상이 있는 사람은 절대로 하지 말 것. 평소에 몸을 트레이닝 하지 않고 있는 사람, 운동 부족인 사람도 갑자기 하지 말 것. 아무리 20대라 하더라도 몹시 운동이 부족하면 다리의 힘은 극단적으로 떨어져 있는 상태다. 자기 체력과 근력을 충분히 고려해 테스트하도록 하자.

① 한 발로 서기

균형 잡는 정도를 테스트하는 것이다.

눈을 뜬 채로 해도 좋지만, 가능하면 두 눈을 감고 한 발로 서기를 한다. 발이 약해져 있으면 즉시 균형이 무너져 비틀거린다. 몇 초 동안 서 있을 수 있는가로 다리의 힘을 점검하는 것이다. 50세 이상이라면 30초가 적당하다.

② 발가락 끝으로 서기

이것도 균형 잡는 정도의 테스트.

계단과 같이 높이의 차이가 있는 곳에서 단의 가장자리에서 발가락 끝으로 선다. 60초 동안 비틀거리지 않으면 합격이다. 균형 잡기가 어려우면 발을 조금 벌려도 상관없다.

③ 한 발로 굴신하기

다리의 힘과 굴신도의 테스트다.

젊은 사람이 대상이다. 위험하다고 생각되면 무리는 하지 말 것. 테스트는 넓은 곳에서 하도록 한다.

두 손을 앞으로 뻗고, 아무 것도 붙잡지 말고 한 발로만 섰다가, 몸을 굽혔다 펴는 굴신을 하는 것이다. 30대 초반이라면 20회가 합격선. 50대에 20회를 할

74

① 한 발로 서기   ② 발가락 끝으로 서기

③ 한 발로 굴신하기

A 제자리 무릎 꿇고 앉아서 점프하기

B 앞으로 무릎 꿇고 앉아서 점프하기

76

수 있다면 상당한 각력脚力의 소유자이다.

④ 무릎 꿇고 앉아서 점프하기

발의 순발력을 보는, 상당히 힘든 테스트다. 결코 무리를 하면 안 된다. 평소 스포츠로 단련을 하지 않았다면 어려울 것이다. 하느냐 못하느냐가 20대와 30대의 갈림길이라고 생각한다. 30대라도 하면 못할 것은 없지만 허리를 다칠 위험이 있다. 이 테스트는 반드시 넓은 장소에서 실시하도록 한다.

A 제자리 무릎 꿇고 앉아서 점프하기

무릎을 꿇은 상태에서 양팔을 휘둘러 올리고, 반동을 붙여 점프하며 일어선다. 처음에는 서지 못해도, 무릎을 굽히고 주저앉는 자세만 되면 합격이다.

B 앞으로 무릎 꿇고 앉아서 점프하기

상당한 체력이 필요하다. 자신이 있는 사람은 전방 50Cm 정도를 목표로 무릎 꿇고 점프를 시도한다.

⑤ 반복해서 옆으로 뛰기

민첩성의 정도를 테스트하는 것이다.

땅바닥에 1m 간격으로 3개의 직선을 그린다. 20초

⑤ 반복해서 옆으로 뛰기

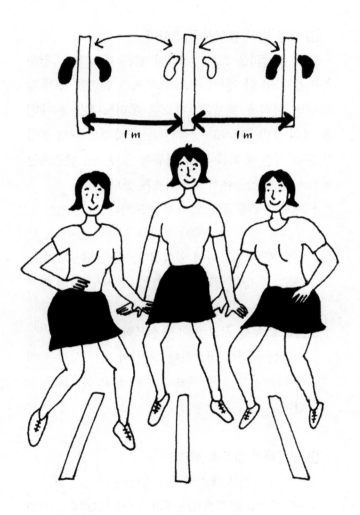

동안에 이 선을 밟지 않고 몇 번이나 뛰어넘으면서 좌우로 이동할 수 있나를 테스트한다. 40세에 35회가 기준이다.

위 다섯 가지 중 반복해서 옆으로 뛰기, 발가락 끝으로 서기에서 기준치에 미치지 못하면 건강도가 상당히 낮은 편인 것이다. 최근에는 초등학생도 이 테스트에 통과하는 수가 줄고 있다고 한다.

ㄱ 청결은 건강의 첫걸음

발의 건강 촉진은 전신의 활력이 된다. 건강한 발로 하루하루를 지낼 수 있도록 하기 위해서는 발 보호를 게을리 하면 안 된다.

사극에서 남편이 먼길에서 돌아오면, 여장을 풀자마자 부인이 발을 씻어주는 장면이 가끔 보인다. 그것은 짚신을 신은 발이 더러운 탓도 있지만, 그보다는 발의 건강을 위한 너무나도 당연한 습관처럼 보인다.

양말과 신발로 늘 가려져 있어 겉보기에 깨끗하게 보이는 우리의 발이지만, 천만의 말씀이다. 우선 귀가하면 손이나 얼굴을 씻어야 하는 것은 당연하고, 그

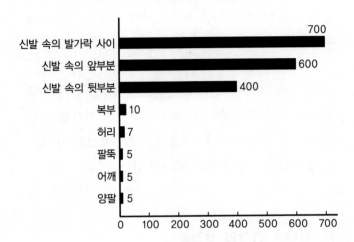

몸의 각 부위에 붙은 코로니의 수

신발 속의 발가락 사이	700
신발 속의 앞부분	600
신발 속의 뒷부분	400
복부	10
허리	7
팔뚝	5
어깨	5
양팔	5

때 반드시 발도 함께 씻도록 한다. 왜냐하면 가장 불결한 곳이 발이기 때문이다.

다음의 그래프는 몸의 각 부위의 불결한 정도를 나타낸 것이다. 신발 속에서 발이 얼마나 불결해져 있는가를 일목요연하게 볼 수 있을 것이다.

이것은 어느 해 5월, 어떤 병원의 직원에게 업무 개시 전, 조사를 하는 각 부위에 1Cm 평방의 멸균 커즐을 붙이도록 하고, 의복을 입고 8시간 집무하도록 하고, 업무가 종료한 뒤에 그 커즐을 떼어내서 부란기 속에서 48시간 배양한 코로니(세균의 무리) 수의 비교다.

코로니의 수는 신발 속에서 꺼낸 것이 어깨 것의 무려 700배였다.

이렇게 불결한 것이 발인 것이다. 깨끗하게 씻고 나서 쉬는 것이 당연한 순서일 것이다.

밖에서 하루 종일 거북한 신발 속에서 발은 학대를 받고 있다. 때문에 집에서만이라도 맨발로 발을 쉬게 해 줘야 한다. 누구나 신발과 양말을 벗기만 해도 기분이 좋아지는 것은 자연스러운 것이다.

두 간단한 스트레치로 노화를 막는다

집에서 텔레비전을 보면서나 가족과 이야기를 하면서도 간단히 발 운동을 할 수 있다. 그다지 넓은 자리도 필요치 않다.

다음과 같은 방법을 한번 실천해 보자. 이때 주의할 점은 반드시 맨발로 한다는 것. 신발을 신으면 아무래도 발목 운동이 허술해지기 마련이다.

1 앞으로 굽히기
발바닥을 바닥에 찰싹 붙이고, 무릎을 완전히 뻗은 상태에서 힘껏 허리를 앞으로 쓰러뜨리며 아킬레스건

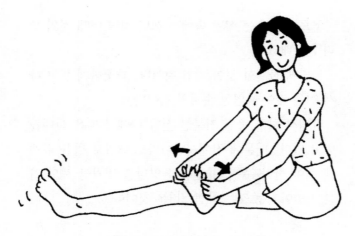

② 발가락 사이를 넓히는 운동

을 최대한 뻗는다. 장딴지가 억세게 끌어당겨지는 것
같은 느낌이 들지 않으면 불충분하다. 그렇다고 반동
을 붙이면 안 된다.

② 발가락 사이를 넓히는 운동

발가락은 신발 속에서 꽉 조여져서 하루 종일 지내
고 있다. 발가락 사이를 넓혀서 이완시켜 주는 방법이
다. 두 발을 번갈아 실시하고, 특히 "아야!"하고 느껴
지는 발가락이 있으면, 그 부위는 더 많이 풀어주도록
한다.

A 발가락 가위 바위 보

가위 바위 보를 발가락으로 하는 것이다. 처음에는 좀처럼 잘 안 되지만 몇 번이고 되풀이하는 동안에 잘 할 수 있게 될 것이다. 동작 동작마다 천천히 크게 움직이도록 한다.

B 발가락과 손가락으로 악수

책상다리를 하고 앉아서 한 쪽 발을 무릎 위에 올려놓는다. 그리고 발가락 사이에 손가락을 뿌리께까지 밀어 넣고, 발바닥 쪽과 발등 쪽으로 제낀다. 다른 손은 발가락 사이에 넣고 있는 손가락 바깥 쪽에서 손을 잡고, 꼭 잡아주거나 떼어내거나 한다. 물론 양발 모두 한다.

처음에는, 발가락 사이가 넓지 않아서 좀처럼 손가락이 들어가지 않지만, 조금 아픈 것을 참고, 두 손을 써서 넣도록 한다. 손가락을 빼낼 때는 천천이 빼지 말고 힘차게 단번에 뽑아 내면 매우 기분이 좋아질 것이다.

C 발가락의 앞뒤 운동

엄지발가락과 둘째 발가락을 좌우 손가락으로 잡고 앞뒤로 움직인다. 5회씩.

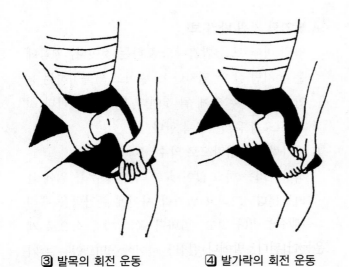

③ 발목의 회전 운동   ④ 발가락의 회전 운동

③ 발목의 회전 운동

②의 B와 같은 요령으로 발가락 사이에 손가락을 뿌리까지 단단히 밀어 넣는다. 비어 있는 손으로 발목을 단단히 받쳐 주고, 발가락 끝의 회전으로 발목을 5번씩 돌린다.

④ 발가락의 회전 운동

엄지발가락부터 하나씩 잡고 돌린다. 30번씩. 그때 발가락 양쪽에 손가락을 끼워 문지르듯 하고 나서 시작하면 효과적이다.

⑤ 유리 구슬 줍기

바닥에 뿌려놓은 크고 작은 유리 구슬을 발가락에 끼워 집어올리는 것이다. 해 보면 매우 어려운 일이지만 큰 것부터 시작해서 작은 유리 구슬까지 집어올릴 수 있게 되면 합격. 유리 구슬이 없으면 짧아진 연필 같은 것으로 대용해도 된다.

⑥ 걸레질

걸레질을 발로 하는 것도 어줍잖게 보이지만 좋은 운동이 된다. 발에다 걸칠 수 있게 끈이 달린 걸레를 마련한다면 더욱 좋을 것이다. 발걸레질은 청소도 하고 운동도 되니 일석이조지만 미끄러져 넘어질 수 있으므로 조심할 것.

⑦ 책장 넘기기

버릇없다는 말을 들을 것 같지만, 신문이나 잡지의 책장을 발가락으로 넘기면 발가락에 좋은 운동이 된다.

미국의 신문왕 윌리엄 하스트 씨는 사무실에서는 반드시 맨발로 지냈으며, 신문이나 서류를 발가락으로 넘겼다고 한다. 덕분에 그는 노년이 되어서도 정신이 흐려진 적이 전혀 없었다고 한다.

이처럼 발가락을 일상생활에서 잘 쓰면 뇌의 노화까지 방지할 수 있다.

⑧ 뒷걸음질로 걷기

앞으로만 걸으라는 법은 없다. 가끔씩은 뒷걸음질로 걸어 보도록 하자. 처음에는 균형을 잘 잡지 못해 비틀거리지만 익숙해지면 앞을 보고 걷는 것과 별로 다르지 않은 속력으로 걸을 수 있게 된다. 그것은 균형 감각을 유지하는 데 매우 효과적이다.

ㅜ 발의 보호는 목욕을 할 때

목욕물에 들어가면 몸의 피로가 말끔하게 가시고 마음까지 편해진다. 발 체조도 목욕탕에서 하는 것이 매우 효과적이다.

① 탕 안에 들어가서 발목을 빙글빙글 돌린다.
② 미끄러지지 않도록 충분히 주의하면서, 발끝으로 선 채 무릎의 굴신 운동을 한다.
③ 무릎을 꿇고 앉아서 등줄기를 곧게 뻗는다.

이런 간단한 동작만으로도 장딴지나 발의 긴장이

풀리고 혈행이 좋아져서 등이나 허리의 피로가 풀리게 되는 것이다.

또, 영업 일로 하루 종일 밖으로 돌아다니며 일을 해 발이 몹시 피로했을 때는 온·냉 샤워로 피로를 풀 수 있다. 이때 심장에서 가장 먼 발가락부터 차례로 샤워를 한다. 처음에는 반드시 더운물을 끼얹고, 두 번째로 찬물을 끼얹는다. 매우 혈행이 좋아져서 곧 피로가 풀리게 된다.

발 마사지를 할 때도 발끝부터 시작하도록 한다. 발은 제2의 심장이다. 온몸에 혈액을 순환시키는 중요한 펌프 역할을 하고 있다. 그 펌프의 기능이 저하되고 있을 때는 심장박동 수를 좀 빠르게 하고, 풀 회전해 주기를 바라게 된다. 심장에서 가장 먼 말단의 모세 혈관에서부터 노폐물을 가득 채운 정맥혈을 심장으로 돌려보낼 셈으로, 발부터 시작하는 것이 효과적인 마사지 비결인 것이다.

ㄷ 온·냉욕으로 「냉증」을 해소한다

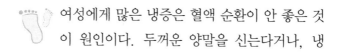

여성에게 많은 냉증은 혈액 순환이 안 좋은 것이 원인이다. 두꺼운 양말을 신는다거나, 냉

방이 잘 되는 방에서는 무릎 덮개를 한다거나, 저마다의 자구책을 가지고는 있지만 발끝이 얼음처럼 싸늘해서 잠들기 어려운 사람도 많을 것이다. 그러한 괴로운 증상은 당장 근치根治는 안 되더라도, 발을 따뜻하게 하고 혈액 순환을 좋게 하는 것으로 상당히 경감될 수 있다.

발목까지 담글 수 있는 크기의 양동이 두 개를 준비하고, 한 쪽에는 40~50℃의 더운물, 또 한 쪽에는 15℃의 물을 담아둔다. 더운물은 식어버리기 때문에 버너에 끓는 물을 준비해 두면 좋을 것이다.

의자에 걸터앉아 더운물에 충분히 발을 적신다. 그러면서 발목을 돌리거나 발가락을 움직여 준다. 다음 찬물에다 1~2분 발을 담그고 식혀 준다. 2~3회 되풀이하고 마른 타월로 잘 닦은 다음, 발가락이나 발바닥을 마사지하면 보다 효과적이다.

♎ 발바닥 자극으로 치매 방지

발바닥을 자주 자극하는 사람은 고령자라도 정신이 흐려지지 않는다고 한다. 사람은 누구나 나이가 거듭되면 늙어가지만 발바닥을 자주 자극함으로써 천천히 늙을 수 있다.

발바닥을 자극해 얻어지는 효과는 다음과 같다.

① 혈액 순환이 좋아진다. 특히 정맥혈의 순환이 좋아지기 때문에 부종이나 울혈이 없어지고 신진대사가 좋아진다.

② 발과 발가락의 변형을 막아준다.

③ 굳어진 관절을 부드럽게 한다.

④ 내분비 기능을 강화시키고, 노폐물의 축적을 방지한다.

⑤ 바른 반사신경을 유지한다.

발바닥 자극으로 약간의 어깨 결림, 위의 기능 약화, 두통, 권태감 정도는 병원 치료를 받지 않고도 치료된 예가 많다.

급소 천지의 발바닥

동양 의학에서는 경락經絡이라고 해서, 어디어디의 급소가 어떤 증상에 잘 듣는다는 등의 효용을 깊이 있게 다루어 왔다.

침구술은 지금으로부터 2천년 전에 중국에서 생겨

났다. 동양 의학에서는 고대 중국의 철학인 음양도陰陽道나 오행사상五行思想을 토대로 사람의 내장 하나하나가 정상적으로 작용하기 위해서는 저마다 에너지가 지나는 길이 있다고 생각했다. 그리고 그 에너지를 '기혈氣血', 지나는 길을 '경락經絡', 경락 위의 중요한 포인트를 '경혈經穴'이라고 불렀다. 그 경혈이 이른바 급소라는 것이다. 그처럼 일반적으로 널리 말하는 급소를 중심으로 한 치료법에는 중국 2천년의 지혜가 담겨 있는 것이다.

급소는 자율신경을 자극하기 때문에 잘 쓰면 자연 치유력을 높이고, 사람의 생명 유지 기능을 높여준다.

그러나 우리는 그 급소의 전문가가 아니다. 어느 급소가 어떤 증상에 잘 듣는가 하는 것은 여러 책에 상세하게 나와 있다. 하지만 급소 치료의 본고장 중국의 침 전문가에게 물어도 저마다 조금씩 급소의 위치를 다르게 말한다.

그럼에도 발바닥 전체에는 몸을 다스리는 모든 급소가 있는 것은 확실하게 일치한다. 이것은 중요한 사실이다. 작은 급소를 하나하나 생각하는 것이 아니고, 발바닥 전체에 좋은 자극을 주라는 암시가 아니겠는가.

전문으로 하는 침술원에 다니지 않더라도 자기가

할 수 있는 발바닥의 급소 자극법도 가능한 것이다.

먼저 발바닥 안쪽의 움푹한 곳을 누르면 누구라도 기분이 상쾌해질 것이다. 손가락으로 누르는 것도 좋고, 손으로 마사지를 하는 것도 좋을 것이다. 또 주먹으로 내리치는 것도 좋고, 나무 망치로 두들겨도 좋다.

사무실에서도 간단히 급소 자극을 할 수 있다. 책상에서 하는 일이 많은 사람은 업무 중 신발을 벗을 수만 있다면, 양말도 벗고 맨발로 책상 모서리를 발바닥으로 긁으면 매우 기분이 좋고 일의 능률도 오를 것이다. 나는 책상 밑에다 알이 굵은 주판을 놔두고 맨발로 대굴대굴 굴리기도 했었다. 그때는 논문 마감에 쫓기고 있을 무렵이었는데 이상하리 만큼 일이 진전되는 것이었다.

우연히 보았던 어떤 스튜어디스는 일을 마치고 나선 모양으로 홈이 파져 있는 통나무에다 발을 올려놓고 대굴대굴 굴리며 발의 피로를 풀고 있었다. 그것은 아주 좋은 피로회복법이었을 것이다.

두 알면 덕을 보는 5분 마사지

발바닥을 자극하는 방법은 매우 간단하다.

여기 소개한 모든 것을 한꺼번에 한다면 그것도 곤욕일 것이다. 매일 5분씩 마사지를 하거나 두드리기만 해도 권태감이나 부종이 상당히 해소된다. 스포츠나 하이킹을 다녀온 뒤에만 마사지를 하는 것이 아니고 걷는 기회가 적은 사람일수록 매일 같이 마사지를 해 주어야만 한다.

혼자서 할 수 있는 발 마사지법에는 이런 것들이 있다.

① 두 발의 발바닥을 서로 맞대 문질러댄다

② 발바닥을 주먹으로 내리친다
발바닥의 오목한 부분을 100번씩 가볍게 두들긴다.

③ 이쑤시개로 누른다
이쑤시개를 10개쯤 다발로 해서 고무링으로 묶는다. 기분이 좋을 정도의 강도로 3초쯤 눌렀다가 떼어내기를 되풀이한다. 발바닥 전체를 골고루 지압해 준다. 머리핀으로도 대용할 수도 있다.

④ 목욕할 때 발바닥을 수세미로 문지른다

⑤ 청죽靑竹 밟기

하루 5분 정도 매일 계속하는 것이 중요하다. 처음
에는 다소 아픔을 느끼지만 익숙해지면 발이 따뜻해지
고, 혈액 순환이 좋아지는 것을 자각할 수 있게 된다.

⑥ 골프 공 굴리기

의자에 앉아서 맨발로 골프공을 대굴대굴 굴린다.

⑦ 일광욕

발바닥을 20~30분 동안 일광욕시킨다.

⑧ 드라이어 활용 온·냉욕

화상을 입지 않도록 조심하며, 온풍과 냉풍을 30초
씩 몇 번 되풀이해 발바닥에 쬐어 준다.

⑨ 나막신, 짚신의 애용법

구할 수만 있다면 짚신은 발바닥을 자극하는 매우
훌륭한 도구이다. 휴일에 집 근처 산책에 활용하면 새
로운 기분도 느낄 수 있을 것 같다. 짚신을 구하기 어
렵다면 지압 신발이라도 하나쯤 구입하길 권한다.

⑩ 발로 빠는 빨래

20~30년 전만 해도 빨래는 동네 공동우물 같은 데서 했다. 큰 이불 같은 것은 발로 질근질근 밟아서 했었는데 그런 빨래하는 풍경도 보지 못하게 된 지 오래되었다. 발로 밟아서 하는 빨래는 발바닥 자극에 참으로 좋은 것이었다.

다음 인용은 어느 신문에 기고된 어느 주부가 쓴 글의 일부이다.

「마침 세탁기가 고장이 나서 하는 수 없이 욕실에서 발로 밟아 시작한 빨래로, 요실금尿失禁, 요통, 저혈압이 좋아졌고, 발가락은 매끈해졌다. 또 욕실에서 빨래를 하기 때문에 빨래하고 남은 더운물을 효과적으로 쓸 수 있고, 욕실 구석 구석까지 말끔하게 청소도 되고, 세제도 물도 많이 절약되었다. 발의 건강만이 아니고, 지구 환경에도 좋다고 생각한다. 다만, 목욕을 하고 난 욕실은 몹시 위험하다. 미끄러지지 않게 조심해야 할 것이다.」

손자, 남편, 부인 등 누군가 한 사람이 더 있다면 배를 깔고 발바닥을 밟아 달라면 좋을 것이다. 발은 뒤꿈치를 밖으로 해서 여덟 팔자로 벌린다. 발바닥의

94

오목한 부위를 마주치듯 서서, 천천히 밟아 주면 된다. 발의 크기가 같으면 발목 쪽으로 상대의 발가락 끝이 닿도록 하면 보다 효과적이다.

이것은 자기 혼자서 마사지하는 것보다도 매우 기분이 좋을 뿐만 아니라 위장이 무겁다고 느낄 때에는 기분이 개운해지는 것을 느낄 수 있다. 또 대화도 잘 되고 상쾌한 시간을 보낼 수 있다.

〒 발은 감각 기관이다

발은 단순히 서거나 걷기 위해 존재하는 기관이 아니다. 사람에게 있어서 중요한 감각 기관의 하나이기도 한 것이다. 물건의 모양이나 온도를 손으로 만져서 느끼는 것과 마찬가지로, 서거나 걷거나 하는 것으로 발바닥에 자극을 받는 것이다. 그 자극에 따른 명령은 뇌에서 전신으로 전해지는 것이다. 그런 당연한 메카니즘에 지금까지 의사들은 너무나도 무관심했던 것이다.

이를테면 갓 태어난 아기는 수족을 자유롭게 뻗거나 줄이거나 하면서 몸부림을 친다. 그것은 '밀크 액션' 이라는 운동이지만, 사지를 움직이는 것으로 근육이 수축하고 긴장한다. 그 자극이 머리로 전해지는 하나의 체조인 셈이다.

이러한 어린 아기의 운동을 보고 있으면, 그냥 팔딱팔딱 무의미하게 움직이고 있는 것이 아니고, 뇌의 활성화나 사람의 운동 기능의 향상을 위해서 이치에 맞게 하는 운동이라는 것을 알 수 있다. 어른이 되고 나서도 아기의 '밀크 액션'을 다시 흉내내 볼 필요가 있을 것 같다.

해부학적으로 보면 발의 신경과 요추腰椎는 다음 그림과 같은 관계가 있다.

그림에서 볼 수 있듯이 발 신경의 근본은 제4요추, 제5요추, 제1선골第一仙骨의 세 곳에서 나와 있는 척수 신경의 가지인 것이다. (그림 p 97 참조)

정형외과 의사가 요통을 호소하는 환자를 진찰할 때 처음엔 반드시 발을 보는 것은 그 때문이다. 먼저 발가락을 한껏 제껴 좌우 근육의 강도를 살펴본다.

다음으로 발가락 끝이 저린가를 알아본다.

그때 엄지발가락이 저리거나 아프다고 할 때에는 제4요추에 이상이 있는 것이고, 제2지에서 제5지에 걸친 발가락의 뿌리께 언저리에 이상이 있을 때는 제5요추에 이상이 있음을 뜻하게 되는 것이다. 물론 이러한 방법은 1차적인 추측 진단이지 정밀한 것은 아

척수 신경과 발 신경의 관계

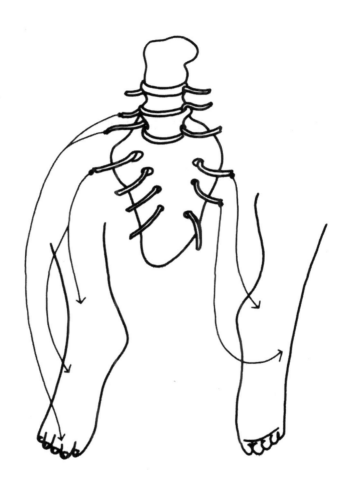

니다.

발바닥을 지압하거나 자극을 잘 하면, 허리에서 뇌로, 뇌에서 전신으로 자극이 전달되어 전신이 활성화된다는 것이다.

┳ 즉시 발의 피로를 풀어주는 방법

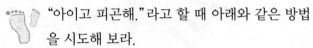 "아이고 피곤해."라고 할 때 아래와 같은 방법을 시도해 보라.

① 똑바로 누워 발을 허리보다 40~50Cm 올린다. 접은 이불이나 전화번호부 같은 것을 받치도록 하면 안성맞춤이다.

② 온·냉욕을 한다. 그때 양동이 속에서 발목을 돌리거나 발가락을 펴거나 하는 운동을 잊지 않도록 한다.

③ 똑바로 누워 허리를 올리고 양손으로 허리를 단단히 받쳐주고, 두 다리를 공중에서 회전시키는 페달 돌리기 운동.

발이 심장보다도 높아지기 때문에 혈액 순환을 촉진한다. 다만 고혈압, 심장 질환인 사람, 또 생리 중인 여성은 피할 것.

③ ④ ⑤ ⑥

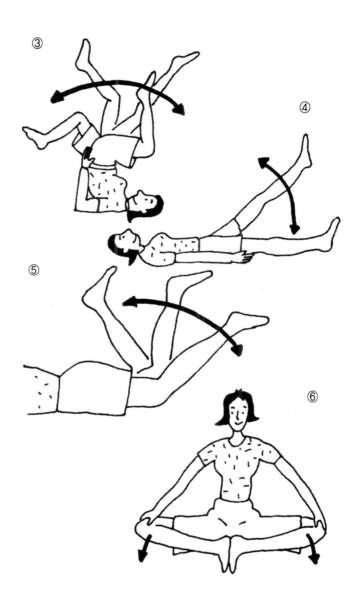

④ 똑바로 누워 두 발을 번갈아서 천천히 상하운동을 한다. 팔딱팔딱 빨리 하지 말 것. 복근腹筋을 많이 써서 20~40번 계속하면 넓적다리의 대퇴사두근大腿四頭筋을 단련하는 데 효과가 있다.

⑤ 배를 깔고 엎드려 무릎을 굽히고, 뒤꿈치로 엉덩이를 두들기는 운동. 무릎과 발목을 잘 뻗어 줌으로써 경직된 부위가 풀어진다.

또 쓸데없는 지방이 없어지고, 배의 근육이 당겨져서 허리도 탄탄해진다. 텔레비전을 보면서 편하게 할 수가 있는 효과적인 운동이다.

⑥ 방바닥에 앉은 채로 발목을 앞으로 끌어당겨 발바닥을 서로 마주친다. 그리고 나서 그 발바닥을 앞쪽으로 밀어가며 손으로 무릎을 눌러 바닥에 밀착시킨다.

이 운동은 고관절을 부드럽게 해서 전신의 피로를 풀어 준다. 처음에는 몹시 힘들지만 매일 계속하는 동안 무릎은 찰싹 바닥에 붙게 된다. 자신도 모르는 사이 전신의 나른함이 흔적도 없이 사라진 것이다.

⑦ 아킬레스건을 늘리는 운동.

〒 사무실에서 손쉽게 할 수 있는 마사지

사무실에서의 일이 오래 계속되면 발과 허리가 피곤해진다. 휴식 시간이나 작업을 하는 사이에 그림(p 102 참고)과 같이 하면 피로가 풀어진다. 일의 효과 역시 반드시 향상된다. 다만 같은 자세를 오래 계속하고 있다가 갑자기 무리하게 움직이면 뜻하지 않는 충격을 받을 수 있다. 결코 무리를 하지 않는 것이 발 건강법의 기본이라는 것을 잊지 말기 바란다.

┃책상에서 오래 일하는 사람을 위한 오피스 스트레칭┃

의자에서 일어서서 충분한 넓이의 공간을 확보하며 똑바로 선다.

① 발을 어깨 폭보다 좀 넓게 벌리고, 무릎은 완전히 뻗고, 장딴지 뒤에 두 손을 대고 힘껏 뒤로 젖힌다.

② 반대로 무릎을 완전히 뻗은 채로 힘껏 앞으로 굽힌다. 반동을 붙이지 않고 ①, ②를 4~5회 되풀이한다.

③ 천천히 쭈그리고 앉아서 허리폭의 2배쯤 양발을 벌리고, 허리를 충분히 떨어뜨려, 마치 재래식

책상에서 오래 일하는 사람을 위한 오피스 스트레칭

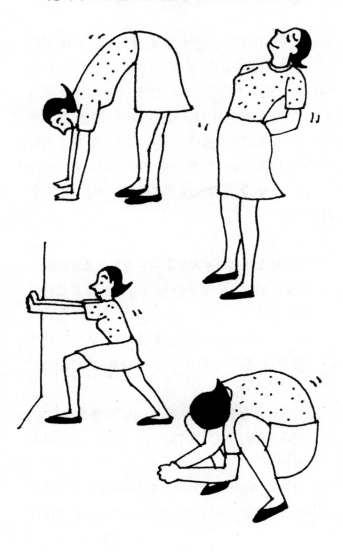

밖으로 돌아다니는 일이 많은 사람을 위한 오피스 스트레칭

화장실에서 쭈그린 모양을 만든다. 그대로 힘껏 앞으로 굽힌다.

천천히 하지 않으면 뇌빈혈을 일으킬 수 있으므로 조심할 것.

④ 벽에다 두 손을 단단히 붙이고, 아킬레스건 뻗기 운동을 한다.

| 밖으로 돌아다니는 일이 많은 사람을 위한 오피스 스트레칭 |

등받이가 고정되어 있고, 바퀴가 없는 의자에 앉는다.

① 등받이에 등을 고정시키고, 뻗은 오른발의 뒤꿈치를 바닥에 대고 단단히 버틴다. 양손으로 왼쪽 다리를 굽혀 턱을 향해 끌어당긴다. 왼쪽 오른쪽 번갈아 4~5회 실시한다.

② 의자에 얕게 걸터앉아 두 무릎에 손을 대고 굴신한다.

③ 의자에 한 발을 올려놓고 무릎을 충분히 뻗는다. 무릎에 손을 얹고 상체를 앞으로 굽힌다.

宁 산뜻하게 잠을 깨는 비결

발도 아침저녁으로 돌봐 주는 것이, 발의 건강을 유지하는 비결이다. 다음과 같은 방법으로 마사지를 해 보도록 한다.

|아침 |
① 똑바로 누운 채로 발 밑에서부터 차례로 마사지한다.
② 쥐가 나지 않도록 천천히 오른손과 오른발, 왼손과 왼발, 다음에 오른손과 왼발, 왼손과 오른발, 다시 양손 양발을 쭉 뻗는다.
③ 침대 위에서 상체를 일으키고, 발바닥을 두드리는 등 가벼운 마사지를 한다.
④ 일어서서 팔을 마음껏 머리 위로 뻗으며 크게 심호흡한다. 머리는 산뜻해지고, 위장의 컨디션도 좋아져 아침을 든든히 먹을 수 있게 된다.

|저녁 |
① 발을 베개보다 좀 높게 하고 자도록 한다.
② 무릎과 발목 밑에 쿠션을 끼워 무릎을 20~49° 올리면 편한 잠을 잘 수 있다. 잠이 잘 오지 않는

사람은 누운 자세로 심호흡을 한다. 물론 복식
호흡이다.
③ 양손을 아랫배에 가볍게 올려놓고, 숨을 배에서
짜내듯이 하다가 헉하고 내뱉는다.
④ 충분히 내뱉었으면 배를 부풀리고 코로 천천히
숨을 들이마신다.

이것을 몇 차례 되풀이하면 하반신이나 등의 근육
이 풀려 혈행이 좋아지고, 어느새 기분 좋게 잠이 들
어 버리는 것이다.

제 4 장

■

신발의 고장, 발의 질병

두 발의 메카니즘

사람의 발은 크게 세 부위로 나뉘며, 각기 다른 기능을 한다.

즉, 가장 운동성이 높은 족지부足趾部(발가락), 매끈하고 유연성이 필요한 중족골부中足骨部(발등), 운동성이 낮으면서 똑바로 섰을 때 제어를 맡는 족근골부足根骨部(뒤꿈치)다.

발을 보호해야 할 신발이 발의 구조와 기능을 무시하고, 단순히 가늘고 아름답게 보이기 위한 치장품이 되어 우리의 발을 괴롭히고 있다. 그 때문에 갖가지

발의 구조

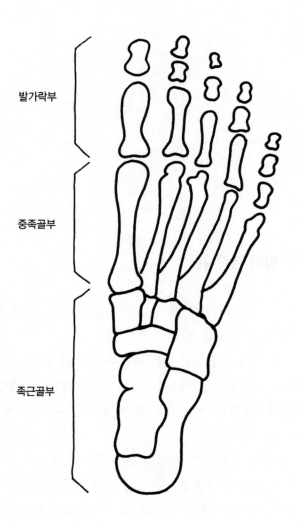

발가락부

중족골부

족근골부

110

발의 장애나 병이 발생하고 있다.

　발에 발생하는 대부분의 장애와 질병의 원인이 신발이라는 근거는 아프리카를 비롯해 신발을 신지 않는 사회에서 찾을 수 있다. 그런 지역 사람들의 발의 장애는 전체 정형외과 질환의 3%에 지나지 않는데 비해 신발을 늘 신고 생활하는 사회에서는 60~65%에 이르기 때문이다.

⠏ 어린이의 편평족扁平足(평발)이 늘어난 이유

　편평족이란 발바닥의 오목하게 들어간 부위에 도톰하니 살이 붙어 발바닥이 납작하게 된 평발을 말한다.

　갓난아기는 모두 편평족이지만, 3~4세 무렵부터 차츰 발바닥 안쪽이 들어가기 시작해 완성되는 것은 7세 무렵이라고 한다.

　어린이의 편평족이 문제시 된 것은 최근의 일이다. 그러나 구미에서는 1920년대부터 문제가 되고 있었다. 어릴 적부터 신발과 양말을 상용하게 되고, 자연의 땅바닥은 아이들의 발 밑에서 사라져 버린 지 오래다. 더구나 도시에 고층 아파트가 많아지면서 수많은

편평족인 발바닥의 아치와 발가락 모양

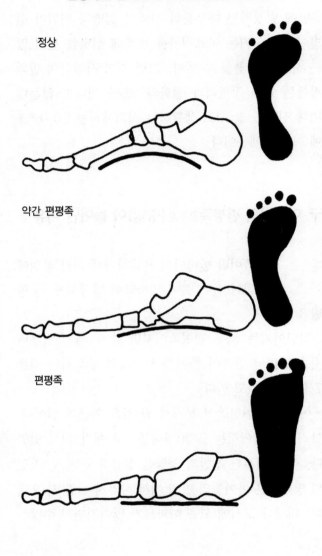

정상

약간 편평족

편평족

아이들이 밖에서 뛰어놀 공간이 줄어들고 있다. 그 때문에 평발인 어린이들이 늘고 있다.

정상적인 발이라도 맞지 않는 신발을 신어 평발이 되는 수도 있다. 한창 성장기에 헐렁한 신발을 신고 격렬한 스포츠를 하거나, 오랜 시간 서 있거나 하면 발바닥의 아치가 잘 형성되지 않고 편평扁平이 되어 버리는 것이다. 이런 현상은 중학교 1~2학년의 여학생한테서 많이 볼 수 있다. 또 야구 선수나 씨름 선수의 경우는 가성편평족假性扁平足이라 해서 발바닥 오목한 부위에 지방이나 근육이 붙어 X레이로는 아치가 있는데 겉보기로는 평발로 보이는 경우도 있다.

성인의 경우 인대, 근육, 건腱 같은 것이 약해져서 평발이 되는 사람의 대부분은 외반모지外反母趾다. 또 격한 스포츠나 서서 하는 일, 비만, 장시간의 보행, 그리고 임신 같은 것으로도 일시적으로 평발이 되는 사람도 있다.

편평족은 병은 아니다. 그러나 피로해지기 쉽고 노화가 빠른 것은 사실이다.

대부분은 발이 나른하다고 하는 정도의 피로지만, 중증이 되면 다리부터 넓적다리 또는 허리 같은 데도 통증이 생겨 걸으면 아프다고 하는 증상을 호소하는 환자도 있다.

치료에는 토머스 힐이라고 불리는 교정화矯正靴를 사용하지만, 어릴 때 치료하지 않으면 좀처럼 효과를 기대하기 어렵다.

〒 외반모지外反母趾는 다른 병과 병발倂發한다

발에 나타나는 병으로 가장 흔한 것이 외반모지다. 앞 끝이 뾰족한 구두를 무리하게 신고 다니면, 엄지발가락이 둘째 발가락 쪽으로 굽게 된다. 그것은 발가락만 굽는 것이 아니다. 그 밑의 중족골中足骨은 반대로 안쪽을 향하고, 발가락 전체는 〔〈〕 모양으로 휘어져 흉한 모양으로 변형된다. 심할 때는 둘째 발가락이 엄지발가락 위에 올라가 있거나 엄지 발톱이 안쪽으로 틀어질 수도 있다. 오랫동안 그런 상태가 계속되면 완전히 탈구脫臼해 버리는 경우도 있다. 탈구는 몹시 아프지만, 외반모지의 경우는 서서히 증상이 진행되기 때문에 환자는 전혀 아픔을 느끼지 못할 수도 있다.

원인은 거의가 구두, 그것도 굽이 높은 하이힐이다. 때문에 환자의 대다수는 여성인데, 간혹 남성도 있다. 증상은 의외로 초·중·고생에게 많이 나타난다.

그 원인은 덧신을 신기 때문이다.

외반모지는 티눈, 못, 함입조陷入爪, 무좀 등 다른 병과 함께 나타나는 경우가 많다.

외반모지가 되기 쉬운 발가락의 모양은 따로 있다. 발가락 모양은 크게 나눠 다섯 개의 발가락이 거의 같은 길이의 정방형, 엄지발가락이 가장 길고 새끼발가락을 향해서 차례로 짧아지는 이집트형, 둘째 발가락이 가장 긴 그리스형의 세 가지가 있다. 그 가운데 이집트형 발가락 모양의 사람이 외반모지가 되기 쉽다고 한다.

유전이나 신발의 영향 이외에 외반모지가 될 확률이 높은 사람은 편평족, 개장족開帳足, 내전근內轉筋(엄지발가락 안쪽에 있고, 엄지를 안쪽으로 끌어당기고 있는 근육)이 매우 약해져 있는 사람이나 류머티스, 당뇨병, 통풍, 말초신경 장애가 있는 사람 등이다.

외반모지를 예방하기 위한 첫 번째 수칙은, 가능하다면 직장에서의 휴식 시간에 맨발이 될 것. 신발을 벗고 있는 것만으로도 발에 대한 부담은 상당히 가벼워진다.

중증의 경우는 수술을 해서 뼈를 정상적인 모양으로 되돌려야 한다.

외반모지 뼈의 모양

정상

외반모지

발가락 모양

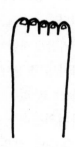

이집트형

그리스형

정방형

"새 구두를 샀더니 견딜 수 없을 만큼 발이 아팠다." "집에 돌아가서 발을 보았더니 외반모지가 되어 가고 있었다."고 말하는 사람도 있다. 그런 경우에는 다소의 아픔을 참아가며 발 마사지를 하도록 한다. 목욕탕에서 차분하게 똑바로 뻗는 운동을 하면 더욱 효과적이다.

〒 발가락이 굽어지는 해머지趾

발가락 끝에 여유가 없는 신발이나 거북한 양발을 신고 무리하게 서면, 발가락이 굽게 된다. 그리고 발가락 끝이 신발 끝에 맞춰져 휘어진 상태로 땅바닥을 움켜쥐려고 하는 형태대로, 차츰 발가락이 휘어져서 그대로 고정되고 마는 것이다. 그것이 해머지라는 병으로 최근에 매우 많아진 것 같다.

둘째 발가락이 긴 그리스형인 사람은 해머지가 되기 쉬우니까 주의할 필요가 있다.

대부분의 경우 외반모지에 해머지가 더해지고, 못, 티눈까지 생기는 경우가 많다. 해머지가 되는 것은 대개 둘째 발가락이다. 그 이유는 둘째 발가락이 다섯 개의 발가락 가운데서 가장 길기 때문에 신발 앞축에 닿게 되고, 걸을 때 무리하게 땅바닥을 거머쥐려고 하는 힘이 작용하기 때문이다.

해머지가 되어 버렸다면 먼저 원인이 된 신발을 신지 말 것. 가벼울 때는 발가락을 마사지하고, 발가락 양쪽을 붙잡고 앞쪽으로 잡아당기는 것을 되풀이하면 상당히 나아진다.

극단적인 경우, 원인이 되는 신발을 하루만 신고 있어도 해머지가 될 수 있다. 그럴 때 당장은 아파서 도저히 마사지를 하지 못한다면 간단한 습포제를 붙여서 염증을 가라앉히고 되도록 빨리 마사지하는 것이 중요하다. 중증이 되면 외반모지와 마찬가지로 수술로 뼈를 절제하지 않으면 안 된다.

예방을 위해서 발에 꼭 맞는 신발을 신도록 하는 것이 중요하다.

〒 끈질긴 무좀은 완치되는가

발 병으로 가장 일반적인 것은 무좀일 것이다. 시판되는 무좀약을 사용하면 잠시 가라앉았다가도 다시 끈질기게 재발하고 만다.

무좀에는 마른 것과 젖은 것이 있지만, 어느 것이나

원인은 백선균白癬菌이다. 백선균은 피부 각질 속의 단백질, 케라틴을 영양원으로 해서 기생한다. 즉, 땀을 많이 흘리는 신발 속에 하루종일 갇힌 발에 이 곰팡이가 쉽게 증식된다.

백선균은 어디로부터 어떻게 발의 피부에 달라붙는가. 즉, 무좀은 어떻게 옮는 것일까? 그것은 백선균이 붙어 있는 각질이 떨어져 있는 곳에서이다. 실내의 발닦기 매트, 슬리퍼, 락커룸의 바닥 등, 불특정다수의 사람이 사용하는 기숙사나 대중탕, 여관의 욕실 발닦기 매트는 특히 청결에 신경을 써 주어야 하는 곳이다.

예방과 치료에는 청결이 첫째지만, 약을 사용한다면 피부에 침투성이 강한 것을 골라 내성균耐性菌을 없애 버려야 한다. 또 치료에는 끈기가 필요하다. 나은 것으로 생각되더라도 3개월쯤은 끈기 있게 약을 계속 발라야 한다. 또 무좀이 있는 곳만이 아니고 그 주위도 넓게 약을 바를 것.

또한 양말을 자주 갈아 신거나 신발을 벗고 발을 말리는 것이 좋다. 하루 건너 다른 신발을 신도록 하는 것도 발의 청결을 유지하는 데 도움이 된다.

가족 중 무좀 환자가 있으면 욕실의 발닦기 매트를 젖은 채로 계속해서 쓰지 않도록 한다. 날마다 세탁을

해머지가 된 제2지

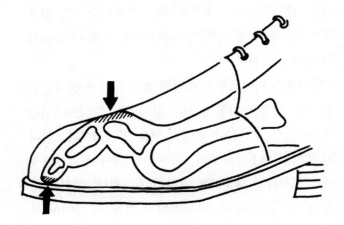

무좀의 타입

발가락 사이형
발가락 사이에
생긴다.

작은 물집형
발바닥에 물집이
생긴다.

각질 증식형
발바닥 전체가 붙고
두껍게 된다.

120

해서 햇볕에 잘 말리는 것이 좋다. 부슬부슬 집안에 떨어져 있는 환자 발의 각질에 백선균이 자라고 있다. 방 청소도 철저히 하도록 한다.

ㅜ 발톱 변형이 늘고 있다

최근 발톱이 굽어서 발가락 살 속으로 파고드는 함입조陷入爪가 늘어나고 있다. 증상이 나타나는 것은 엄지발가락이다. 그것은 맞지 않는 신발이 원인이 되는 전형적인 변형이다. 대체로 너무 큰 신발을 신고 있기 때문이다. 또한 긴 발톱이나 발이 불결한 것도 원인이 된다.

환자는 중학교 2~3학년에서 대학생 남자에게 특히 많이 볼 수 있다. 왜냐하면 그들은 신발과 발에 대해 너무나도 무관심하기 때문이다. 마침 그 정도의 나이 때에는 운동을 왕성하게 하고 있지만 거의가 자기 발에 맞는 신발을 신고 있지 않다. 부모들도 신발과 발에 대해서는 무관심하다. 또 학교에서도 발을 위해 어떠한 신발을 고르라는 지도도 없다. 게다가 학교에서 지정한 신발을 신어야 하는 경우도 있다. 개인의 발모양과는 상관 없이 말이다. 특히 운동부 학생의 경우

발가락에 파고 든 발톱

좋지 못한 신발이 원인이 돼 운동을 하기 어렵거나 좋은 결과를 얻어내지 못하는 일도 있다.

아이들은 발이 꽉 끼는 신발로는 운동을 할 수 없기 때문에, 좀 헐렁한 신발을 신게 된다. 그러면 신발 안쪽과 양말과 발 사이에 마찰이 커져서 눈에 보이지 않는 작은 상처가 나게 된다. 그러면, 신발 속은 매우 불결하기 때문에 그 상처를 통해 여러 가지 세균이 침투하게 된다. 또 손발에는 땀이 많이 나 이것들이 합병해서 발톱이 병에 걸리는 것이다. 더구나 달리거나 뛰거나 하면 신발 속에서 발이 움직이게 된다. 발에 잘 맞는 신발이라면 척하니 멈출 것이지만, 너무 크면 멈추지를 않고 발가락 끝이 그대로 신발에 부딪치고 만다. 그런 자극을 되풀이하면 발톱이 바깥쪽이나 안쪽으로 부자연스럽게 파고들어가 염증을 일으킨다. 심해지면 발톱이 말리는 수도 있다.

그런 때는 되도록 빨리 병원으로 가서 치료를 받도록 한다. 악화되면 속이 곪아서 발톱을 일부 벗겨내거나 살을 도려내는 등의 수술밖에는 치료법이 없다.

못, 티눈, 사마귀 치료법

외반모지外反母趾가 심해지면 발바닥에 걸리는 힘의 부위가 바뀌고, 크게 힘이 걸리는 곳에 못이나 티눈이 생기기 쉬워진다. 양자 모두 피부 표면의 각질층이 신발 같은 것에 의해서 되풀이해 자극을 받고 부분적으로 두꺼워진 것이다.

못과 티눈이 잘 생기는 자리는 정해져 있다. 못은 엄지발가락과 둘째 발가락 사이의 중족골中足骨의 골두부骨頭部에 잘 생기고, 티눈은 넷째 발가락과 새끼발가락 사이 같은데 잘 생긴다. 물론 다른 부위에도 나타날 수 있다.

못은 피부의 바깥쪽에 생긴 것으로 목욕을 마치고

정상

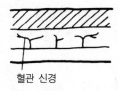

혈관 신경

못

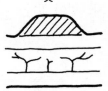

티눈

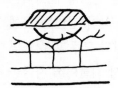

사마귀

물에 불어 있을 때 깎아내면 된다. 그러나 일찌감치 치료하지 않으면 중족골 빙지종이라는 발바닥 중족골 골두부의 이상을 일으킬 수도 있다.

티눈은 심지가 피부 속에 상당히 깊이 파고들어 있어 표면만을 깎아내는 것으로는 치료되지 않는다. 심지부터 확실하게 뽑아내지 않으면 안 된다. 서툰 치료보다는 정형외과 의사에게 맡기는 것이 안전하고 빠를 것이다.

사마귀는 발뿐만이 아니고 손이나 얼굴에도 갑자기 생겨나는데 바이러스가 원인이다. 사마귀가 발바닥에 생기면 몸무게가 얹히기 때문에 몹시 아프다. 못과는 달리 반드시 뼈가 불거진 부위에서만 볼 수 있는 것이 아니고, 주위의 피부와 확실하게 구별되는 곳에도 생긴다. 갑자기 생겨나고, 아무런 손을 쓰지 않아도 저절로 사라지는 수도 있다. 치료 방법은 못이나 티눈과 같지만 잘라낸 부분이 사마귀가 있었을 때보다 아프거나, 같은 자리에 새 사마귀가 생겨 나는 일이 많다. 그래서 치료는 몇 주간 사리칠산酸을 사마귀에 발라야만 한다. 예방을 위해서는 되도록 발을 청결하게 유지해야 한다.

ㅜ 발 전체가 후끈거리는 족저건막염足底腱膜炎

발바닥 전체가 후끈거리는 병이다. 가장 큰 원인은 몸무게 증가지만, 오래 서서 일을 해도 생긴다.

족저건막이란 것은 발바닥 오목하게 들어간 곳 근처를 세로로 달리고 있는 건腱 모양의 것이다. 선 채로 있는 상태가 오래 계속되었을 때 지압을 하면 기분이 좋아지는 곳이 그곳이다. 그런 상태는 염증을 일으키기 직전이기 때문에 지나치게 피로가 계속되면 진짜 염증이 된다.

치료 방법은 족저건막이 무리 없이 견딜 수 있을 만

큼으로 몸무게를 줄일 것. 그리고 조금 발굽이 높은 신발을 신거나 부드러운 소재의 깔개를 바닥에 깔거나 해서 부담을 줄이고, 근막의 긴장을 풀어주어야 한다.

구 발가락 사이가 아픈 중족골 골두통中足骨·骨頭痛

발가락 뿌리께 밟고 딛는 부위가 몹시 아픈 병이다. 환자는 곧잘 '신발 속에 잔 돌멩이가 들어 있는 채로 걷고 있는 것 같은 느낌'이라고 표현한다. 걸으면 어쩐지 발이 아프기 때문에 차츰 걷지 않게 된다. 그런데 그것이 오히려 증상을 악화시키는 것이다.

중족골이란 앞의 그림과 같은 구조로 되어 있다. 그 아치 모양을 인대가 지탱하고 있는데, 그 인대가 늘어져 버리면 아치형이 납짝해져 버리면서 통증을 느끼게 된다. 원인은 몸무게의 증가다. 몸무게를 받쳐주고 있는 것은 주로 뒤꿈치와 엄지발가락 부분과 새끼발가락 부분의 중족골 골두의 3점이다. 그러니까 지나치게 무거워진 몸무게를 인대가 지탱할 수 없게 될 때 나타나는 것이다. 그밖의 원인은 족내전근足內轉筋

발바닥 건막의 위치

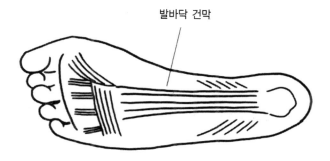

발바닥 건막

중족골 골두의 위치와 아치의 구조

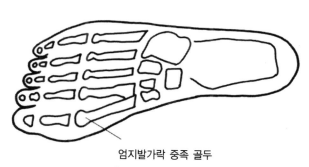

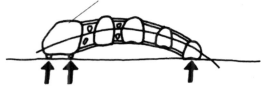

엄지발가락 중족 골두

등의 근육 약화, 아킬레스건이 늘어나는 등 노화를 생각할 수 있다.

예방책으로는 몸무게를 줄이고, 발바닥을 움직이는 적당한 운동을 하는 것이다.

신발에 쓸린 데서 비롯되는 아킬레스건 주위염

뒤꿈치나 아킬레스건이 아픈 병이다. 발목을 움직이면 아프고, 아킬레스건 위에다 손가락을 대 보면 어쩐지 삐걱거리는 것 같다고 느껴지는 경우에는 아킬레스건 주위염이 아닌지 의심해 보아야 한다.

신발에 쓸리는 것이 주 원인이다. 또 장시간의 트레이닝이나 평소에 운동을 하지 않던 사람이 갑자기 과격한 운동을 했을 때도 발생한다. 외국에서는 두꺼운 양말을 신는 겨울에 많은 병이기 때문에 윈터 힐이라고도 부른다.

정확하게는 종골踵骨 아킬레스 건간점액초염腱間粘液包炎이라고 하고, 뒤꿈치와 아킬레스건 사이에 쿠션 역할을 하고 있는 점액포라는 자루에 염증이 생기는 병이다.

128

치료는 매우 어렵다. 이렇게 되면 뒤꿈치에 무리를 주지 않는 샌들을 신도록 한다.

예방책은 먼저 발에 맞는 신발을 신을 것. 운동을 하기 전에는 아킬레스건을 잘 뻗을 것. 운동할 때는 신발 뒤꿈치가 조금 높은 것을 신도록 해 아킬레스건의 부담 줄일 것.

구 아킬레스건 절단은 중년 남성에게 많다

뚝 하는 소리와 함께 참기 힘든 아픔이 발목에 전달되고, 그 즉시 걸을 수 없게 되는 아킬레스건 절단은 스포츠 선수에게 많을 것 같지만, 실은 40~50대의 한참 일할 나이의 남성에게 제일 많다. 평소 그다지 발을 많이 움직이지 않다가 갑자기 과격한 운동을 했을 때 제일 많이 발생한다. 최근에는 에어로빅 같은 과격한 운동을 처음 시작하는 중년 여성에게도 많이 나타나고 있다.

실제로 몸은 나이를 속일 수 없다. 중년을 지나면 아킬레스건 주변의 혈행이 나빠지고, 끊어지기 쉽기 때문에 운동하기 전에 아킬레스건을 늘리거나 따뜻하게 해서 혈액 순환을 좋게 하는 것이 예방의 첫걸음이다. 준비 운동은 절대로 빼놓지 말아야 한다.

　아킬레스건 절단의 원인은 다음의 세 가지다.

　① 아킬레스건을 무리하게 늘였을 때

　② 아무런 준비 운동도 하지 않고 족 관절을 급격하게 굽혔을 때

　③ 아킬레스건이 팽팽해져 있을 때 건에 무언가가 부딪쳤을 때

　세 번째는 불가항력에 의한 사고지만 ①, ②의 원인은 자신의 체력을 알고 준비 운동을 게을리 하지 않으면 충분히 막을 수 있다.

　아킬레스건이 절단되는 사고를 당했다면 빨리 수술을 하지 않으면 안 된다. 두 달 이상 방치하면 완치율이 떨어진다.

무릎의 접시뼈가 깨진다!

　준비 운동을 하지 않고 몸을 급격하게 움직였더니, 무릎의 접시뼈 언저리가 아프기 시작했다. 굽히거나 뻗거나 하는 것이 고통스럽다. 그러다가 무릎 근처에서 삐걱이는 소리가 들리기도 하고, 계

단을 오르내릴 때 갑자기 힘이 빠져 움직이는 것도 힘겨워졌다.

그런 증상이 있으면 반월판半月板의 손상을 의심해야 한다.

치료는 무릎에 너무 힘이 걸리지 않을 정도의 운동을 하고, 무릎 위에 있는 대퇴사두근大腿四頭筋을 단련시킨다. 심할 때에는 반월판을 수술로 절제한다.

〒 과중한 부담으로 슬개건염膝蓋腱炎

무릎에 큰 힘이 가해져 슬개골(접시뼈)과 그 밑에 있는 경골脛骨을 잇는 건이 손상을 입어 염증을 일으키는 것이다. 접시뼈를 누르거나 뒤로 밀거나 해서 통증이 있으면 슬개건염이다. 증상이 심해지면 무릎에 힘을 줄 수 없게 된다. 배구나 농구, 육상의 넓이뛰기와 같이 점프가 필요한 스포츠 선수에게 많은 병이다.

치료로 부분적인 절제법이 있지만, 수술은 되도록 하지 않는 것이 좋다. 온습포 같은 것으로 장시간에 걸쳐서 치료를 한다. 완전히 유대가 접시뼈에서 벗겨져 버렸다면 수술을 해야 한다. 수술 후에도 1~2개월 동안은 깁스로 고정시키고, 2~4개월 정도의 안정이 필요하다. 즉 중증의 경우 반 년 간 부자유스런 상태가 되는 것이다.

운동 전에는 대퇴사두근의 충분한 스트레치를 하도록 한다.

두 뼈가 닳아 빠지는 변형성슬관절증

스포츠를 좋아해 체력에 자신이 있는 사람이 갑자기 무릎이 아플 경우가 있다. 그것은 무릎 안쪽에 부담이 걸리고, 관절의 연골이 닳아 있기 때문에 일어나는 것이다. 과격한 스포츠가 무릎에 큰 부담을 주었기 때문에 노화가 빨리 왔다는 뜻이다.

변형성슬관절증變形性膝關節症은 노화 현상의 기준이다. 나이를 먹으면 누구나 이 병에 걸린다고 해도 과언이 아니다. 노화에 의한 몸의 변화를 가령성변화加齡性變化라고 부른다. 한 번 노화해 버린 몸은 본래대로 돌아가지 않는다.

문제가 되는 것은 젊은 시절에 과격한 스포츠를 한 일이 없다, 무릎에 부담을 줄 만한 일을 하지 않았다, 고령자도 아닌데 무릎이 몹시 아프다는 경우다. 그 원

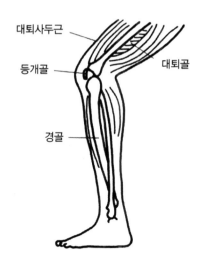

대퇴사두근

등개골

대퇴골

경골

인은 의외로 신발인 경우가 적지 않다. 맞지 않은 신
발을 오래 신고 다닌 결과 무릎이 이상하게 빨리 노화
하고 만 것이다.

증상이 심해지면 걷지 못하게 된다. 원상으로 돌릴
수 있는 치료 방법은 안됐지만 없다. 그 이상 악화시
키지 않기 위해서는 뼈나 연골에 스트레스를 주지 않
도록 근력을 강화하고, 차게 하지 말며, 혈액 순환을
좋게 하는 등 무릎을 보살펴 주는 것이다.

☞ 통풍은 미식美食과 운동 부족의 결말

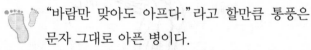 "바람만 맞아도 아프다."라고 할만큼 통풍은 문자 그대로 아픈 병이다.

엄지발가락에 발생하는 것이 특징이지만 드물게는 다른 발가락이나 무릎에 발생하는 수도 있다. 원인은 고뇨산혈증高尿酸血症으로 관절염 발작으로 나타나는 증상이다. 고뇨산혈증은 요산尿酸이 과다하게 만들어지거나 배출이 감소하는 증세를 나타낸다. 요산이란 체내의 단백질이 분해되어 오줌으로 배설되는 것이다. 그런데 혈액에서 잘 분해되지 않으면 오줌으로 배설되지 않고 혈액 속의 요산 농도가 올라가 버리는 것이다.

환자는 남성이 압도적으로 많다. 평소 운동 부족과 접대 같은 것으로 육류 중심의 미식이 원인이라고 생각된다. 그러나 최근에는 커리어 우먼이 속속 사회로 진출하고 있어 여성에게도 통풍 환자가 늘어나는 추세이다.

예방을 위해서는 젊을 때부터 식사를 균형 있게 해야 하며, 지나친 미식을 자제하고 운동 부족이 되지 않도록 신경을 써야 한다. 나이 이상으로 노화를 앞당기지 않도록 발과 허리를 보살펴 주는 식단도 필요하다.

구 류머티스의 치료는 단념 말고 끈기 있게

류머티스는 크게 둘로 나눌 수 있다. 근육이나 인대를 침범하는 근육 류머티스, 뼈나 관절을 침범하는 관절 류머티스다.

근육 류머티스는 심장이나 전신의 관절에 충격이 오는 일은 없다. 그러나 아픔이 심하고, 보행이 어려워지는 등 귀찮은 병이라는 점에서 관절 류머티스와 다를 것이 없다.

원인은 유행성 감기, 동맥경화, 기생충, 비타민B 결핍, 내장 질환에서 오는 것 등 가지가지다.

원인에 따라서 치료 방법도 여러 가지지만, 공통점은 관절 류머티스와 마찬가지로 따뜻하게 해 주면 좋아진다는 것이다. 아픈 데를 차게 하지 않도록 조심해서 원적외선 같은 것으로 치료하는 것이 효과적이다. 또 효과가 있는 것은 긴 안목으로 적당히 스스로 운동을 하는 것이다.

만성 관절 류머티스는 성인 여성에게 압도적으로 많이 발생하며 대단한 통증을 수반한다. 그러나 현재로서는 확실한 원인은 찾지 못하고 있다.

치료에는 초저온 치료, 운동 요법, 온열 요법, 물리 요법, 식이 요법 등 갖가지지만 원인을 모르기 때문에 근본적인 치료라고 할 수 없고, 대조적인 것으로 통증을 풀도록 하는 정도인 것이다.

스스로 자기 몸을 움직이도록 하지 않으면 좀처럼 효과를 볼 수 없다. 따뜻하게 하면 몸이 부드러워지고 통증도 덜하기 때문에 운동을 한결 편히 할 수 있다. 목욕도 매우 좋은 방법이다.

치료에 있어서 제일 안 좋은 것은 "아무래도 류머티스는 근치根治하지 못하는 것이니까."라고 단념해 버리는 것이다. 그대로 방치해 두고 있다가 심하게 아플 때만 부신피질 호르몬제 같은 것으로 고비만 넘기려 한다면 더 악화되면 악화되지 회복은 기대하지 말아야 한다.

조급하게 생각하지 말고 적극적으로 몸을 움직여서 증상이 악화되지 않도록 해야 한다. 최근에는 좋은 약도 개발되고 있다. 의사의 진찰과 지도를 받도록 한다.

〒 X다리, O다리는 교정 기능이 있는 신발을

 X다리(외반슬外反膝)는 구미인에게 많고, 무릎 안쪽이 들어가 버린 상태를 말한다.

어떤 신발도 안쪽이 먼저 닳아 버린다는 사람은 X다

리인 경우가 많다. 그런 사람은 안쪽이 올라간 신발을 신으면 보행이 편해진다.

O다리(내반슬內反膝)는 동양인에게 많고 무릎이 바깥쪽으로 굽어져 있는 상태다. 고령이 되면 노화에 의해서 O다리가 되는 사람도 많다. 원인은 무릎을 꿇고 앉거나 방바닥에서 생활하는 습관 때문이라고 하니까, 앞으로 도시에서는 적어질지도 모른다.

O다리인 사람의 신발은 바깥쪽이 닳는다. 때문에 바깥쪽이 좀 올라간 신발을 신는 것으로 O다리를 교정할 수 있다. 최근에는 실내에서 신는 슬리퍼에도 그런 O다리의 교정 기능을 장치한 것이 있다.

두 마음에 걸리는 발 냄새 해소법

발은 땀이 많이 나는 곳이다. 생리학적으로 땀은 아포크린성 땀과 에크린성 땀의 두 종류가 있다. 아포크린성 땀은 냄새가 강하며, 정신적으로 긴장했을 때 이른바 손에 땀을 쥘 때 나는 것이다. 발의 땀은 운동이나 노동을 했을 때 나는 땀과 같은 아포크린성이기 때문에 고약한 냄새가 코를 찌르는 것이다. 사우나를 하면서 나는 땀은 에크린성이기 때문에 냄새는 별로 없다.

계속 강조하지만, 발은 몸에서 냄새가 가장 심한 부위이다. 당연한 말이지만, 악취를 막을 가장 좋은 방법은 먼저 청결을 유지하는 것이다.

외출에서 돌아오면 보통 손이나 얼굴을 먼저 씻는다. 그런데 사실은 시대극에서처럼 발부터 먼저 씻어야 하는 것이다. 운동을 한 뒤에는 물론 외출에서 돌아오면 반드시 발을 씻도록 한다. 목욕을 할 때는 발가락 사이나 발바닥도 정성들여 잘 씻도록 한다.

같은 신발을 계속해서 신는 것은 신발을 위해서나 발을 위해서도 좋지 않다. 반드시 두세 켤레를 교대로 신도록 한다. 그리고 신지 않는 신발은 반드시 그늘에 말려 내부를 잘 건조시킬 것. 신발을 몇 켤레씩 마련하는 것이 낭비같이 생각되겠지만 그렇지 않다. 여러 켤레이기 때문에 결국 신발은 오래 신을 수 있고, 발은 건강해지니까 일거양득으로 매우 경제적이다.

땀이 많이 나서 고약한 냄새가 난다는 사람은 방취깔개를 사용하도록 한다. 널리 이용되고 있는 발한 방지發汗防止 스프레이는 발에 상처가 없을 때만 사용하는 것이다.

또 자주 신는 신발은 아무래도 냄새가 나기 마련인데 신발용 방취 스프레이가 매우 편리하다. 좀처럼 안

138

쪽이 말라 있을 틈이 없는 부츠에도 좋을 것이다.

좀 귀찮아도 하루 몇 차례라도 양말을 갈아 신도록 하는 것이 좋다. 그냥 갈아 신기만 할 것이 아니라 발도 자주 씻어 주면 좋다. 하지만 대개 그런 여건이 되지 못하므로 발가락 사이 같은 데 땀을 말끔하게 제거하도록 하자.

우수한 영업 사원들의 필수품은 셔츠와 갈아 신을 양말과 타월이라는 말을 들었다. 양말과 타월을 예비로 갖추는 습관은 사무직 사람도 꼭 본받을 만한 일이다. 또 여자의 스타킹은 얇기 때문에 통기성이 좋을 것 같지만, 소재가 화학 섬유라 아무래도 냄새가 쉽게 빠지질 않는다. 발 냄새가 마음에 걸리는 사람은 휴식 시간에 화장실이나 탈의실에서 갈아 신도록 한다.

두 "그까짓 신발에 쓸린 것쯤."하고 깔볼 수 없다

새 신발을 신고 나갔다가 뒤꿈치나 발가락 끝이 아리도록 아파 반창고를 붙이거나 허둥지둥 가까운 신발 가게에서 샌들을 사서 갈아 신어본 경험은 누구라도 한두 번쯤 있을 것이다. 새 신발이 발에 익숙해질 때까지는 어쩔 수 없는 일이지 하고 신발에 쓸린 상처를 방치해 버리기 쉽지만, 그렇게 가볍게 생각하면 안 된다. 심할 때는 아킬레스건 주위염으로 악화될 수도 있기 때문이다.

신발에 쓸려 아픈 발로 다니다가 허리에 부담이 오고, 요통이 되는 수도 있다. 거기까지는 안 가더라도 서혜부鼠蹊部(허벅다리의 밑부분)의 임파선淋巴腺이 부어올라 다음날 걷기도 어려웠다는 사람도 있다. 그러니까 신발에 쓸려 찰과상이 생겼다면 일회용 밴드 등으로 상처를 보호해야 한다.

아무튼 신발에 쓸린 상처를 예방하는 데 잊지 말아야 할 것은 발에 꼭 맞는 신발을 고르는 것이다. 제6장에서 말하는 신발 고르는 법을 참고하기 바란다.

그런데 신발을 살 때는 발에 꼭 맞았었는데 신고 다니다 보니 헐렁하게 늘어나 버렸다고 할 때는 이렇게 대처하기 바란다.

신발이 너무 커서 헐렁할 때에는 우선 깔창을 바닥에 깔 것. 최근에는 크기와 두께가 가지가지인 깔창이 많이 시판되고 있다. 왼쪽 발은 꼭 맞는데 오른쪽이 어쩐지 헐렁하다거나, 넓이는 괜찮은데 발등이 맞지 않는다거나 할 때에는 신발 가게에서 꼭 맞는 깔창을 깔아 달라고 한다. 또 발이 쓸리는 것을 방지하는 물건도 유통되고 있다.

140

발이 커져 신발이 작아졌다면, 그 신발은 신지 않도록 한다. 그러나 조금 거북한 정도라면 신고 다니는 동안에 가죽이 늘어나 발에 신발이 길들여지게 된다. 그 경우 신발에 쓸리는 것을 막으려면, 얇은 테이프와 같은 것을 쓸리기 쉬운 곳에 붙이면 된다. 투명한 매니큐어를 바른다는 여성도 있다. 그렇게 한동안 길들이면 신발이 발에 익숙해질만큼 늘어난다.

ꠇ 왜 발이 부어오를까

오랜 시간 서 있거나, 평소에 별로 걷지 않는 사람이 갑자기 먼 거리를 걷거나 하면 발이 붓거나 후끈거리기도 한다. 그 이유는 심장에서 흘러온 혈액이 심장으로 잘 돌아가지 못하는 울혈鬱血 상태에 있기 때문이다. 발생하는 부위는 거의 하퇴부(무릎에서 발목까지)이다.

제1장에서도 말했지만, 말단까지 온 혈액이 심장으로 돌아가기 위해서는 정맥 둘레의 근육이 제대로 움직이지 않으면 안 된다. 근육이 약해져 있거나 피로해 있으면 정맥의 혈행이 나빠져 울혈 상태가 일어난다. 울혈을 하면 정맥은 팽창하고 혈행이 막혀 더욱 더 혈

액이 심장으로 돌아가기 어렵게 된다. 이렇게 되면 혈관 속의 혈액과 세포 조직의 침투압의 밸런스가 무너져 혈액 속의 수분이 세포 조직으로 배어나와 버리고 마는 것이다. 그것이 부종과 후끈거림의 원인이 된다. 울혈이 계속되면 붓거나 후끈거리는 것 뿐만 아니고, 무좀이 생기거나 심장 같은 내장 기관에도 좋지 않은 영향을 미치게 된다. 평소 운동에 신경을 쓰고 혈액 순환을 좋게 하도록 노력하기 바란다.

정맥류靜脈瘤(혹)도 이 부종의 증상에서 시작되어 역시 하퇴에 발생한다.

손발의 정맥에는 깊은 곳을 지나고 있는 것과 눈에 보이는 표면을 지나가는 것이 있다. 표면을 지나는 정맥 주위에 있는 근육의 벽은 매우 얇기 때문에 힘도 약하고, 울혈하기 쉽다.

특히 발은 전신의 무게가 걸리는 몸의 맨 아래에 위치해 있어, 정맥 속의 마개가 손상되면 혈액은 아래로 내려가기만 하는 상태가 되어 버린다. 그렇게 서 있는 자세가 계속되면 하퇴에 혈액이 고이고, 정맥이 팽창해서 정맥 혹을 만든다.

이 증세는 유전적인 요인처럼 보이지만, 역시 서서 하는 일이 많은 사람에게 나타나기 쉬운 증상이다. 심해지면 수술을 해야 하는데, 그 전에 정맥 혹이 있는

142

정상적인 정맥과 정맥 혹이 생긴 정맥

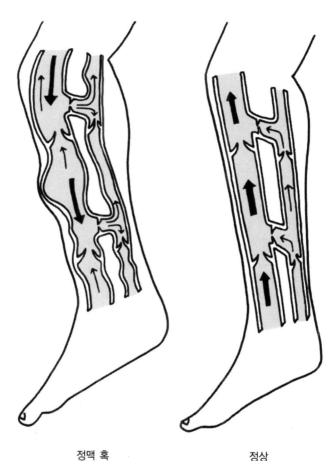

정맥 혹
마개가 손상되어
혈액의 흐름에 이상이 있다.

정상
혈액이 심장으로
잘 흐르고 있다.

사람을 위한 양말을 신거나 온천 치료로 증상을 풀어
보길 권하고 싶다.

신발이 발의 부종의 원인이 되는 경우도 많다. 샀을
때는 꼭 맞던 신발이, 그다지 살이 찐 것도 아닌데 어
느 날 발이 커져 도저히 신을 수 없을 때에는 그 신발
이 살 때부터 너무 작았다고 생각할 수 있다. 때문에
발에 맞지 않는 작은 신발을 무리하게 신고 있던 결과
혈행이 나빠져서 울혈이 생긴 것이다. 그런 부종은,
원인이 된 너무 작은 신발을 벗어버리는 것으로 그냥
나을 수 있다.

주의하지 않으면 안 될 것은, 원인이 심장이나 신장
같은 것의 기능 장애인 경우다. 신발을 이것저것 바꿔
신어도 그냥 발이 붓는다거나 발이 몹시 피로할 경우
에는 서둘러 내과 진찰을 받도록 한다.

부종의 치료 수칙은 첫째로 발에 꽉 끼는 신발은 신
지 말 것.

보기 좀 흉하다고 느껴져도 발을 높게 하고 잠을 잘
것. 미용사나 웨이트리스와 같이 서서 일하는 사람이
라면 적당한 발판에 한 발씩 올려놓기만 해도 발의 부
기가 많이 가라앉는다.

제3장에서 소개한 발의 피로를 없애는 온·냉욕은
부종에도 효과가 있다.

발이 피로하다거나 약해졌다고 하는 사람은 발 전체를 보호하는 쿠션 깔판을 쓰는 것이 좋을 것이다.

☐ 염좌捻挫, 골절骨折의 응급 처치

발 부상의 대표적인 것은 염좌(삔 것)와 골절이다.

심한 염좌와 골절의 차이는 전문가가 아니면 판단하기 어렵지만, 만약 골절을 당했으면 일어서지 못할 것이다. 어쨌든 염좌이거나 골절이거나 병원으로 가기 전의 응급 처치가 중요하다. 응급 처치 중 반드시 지켜야 할 것은 절대로 움직이지 않는다는 것이다. 그러기 위해서는 기구가 필요한데, 그렇다고 뭐 번거로운 것은 아니고 부목과 붕대만 있으면 족하다. 다친 곳을 붕대로 감고 발목 있는 데서 고정시키는 것이 중요하다.

붕대가 없을 때는 무엇이든 좋으니까 발목을 휘감아 주어야 한다. 대용품으로 우선 양말이 있다. 다치지 않은 쪽 발의 양말을 벗겨서 묶는 것이다. 남자라면 벗는 것이 간단하지만, 여자의 스타킹은 남 있는 데서 척하니 벗을 수는 없을 것이다. 그럴 때는 손수

건이나 넥타이, 스카프 등등 가릴 것이 없다. 아무튼 묶을 수 있는 천으로, 발목의 관절을 단단히 고정한다. 단, 결코 혈액의 순환을 멎게 해서는 안 된다.

응급 처치 후엔 서둘러 병원으로 가야 한다. 움직일 때는 아무쪼록 아픈 쪽 발을 땅바닥에 짚지 않도록 한다. 무엇이든 지팡이가 될만한 것을 찾아 아픈 발에 체중이 실리지 않도록 조심한다.

염좌란 발의 뼈와 뼈를 잇고 있는 인대가 늘어났거나 부분적으로 절단된 상태를 말한다. 치료 방법은 우선 안정할 것, 그리고 얼음으로 식히는 것도 좋고, 그냥 삐끗한 가벼운 정도라면 냉감 습포로 식힐 것. 그리고 나서 탄성 붕대로 적당히 압박한다. 부어올라 있는 상태라면 머리보다 발을 높게 하고 눕는다. 심하게 다쳤다면 인대단열(靭帶斷裂)을 의심할 수 있고, 수술이 필요할 수도 있다.

학생 시절에 습관처럼 염좌가 재발하는 경험을 했던 사람도 많을 것이다. 회복이 되었다면 재발 방지를 위해 발목의 근육을 단련하도록 한다. 발목 돌리기, 발끝으로 서기 같이 간단한 트레이닝도 유익하다.

제 5 장

■

발에 좋은 신발, 나쁜 신발

〒 신발의 역사는 순금의 샌들에서

인류가 최초로 고안한 신발은 기원전 2000년 경 고대 이집트에서 나타난 것으로 되어 있다. 현존하고 있는 가장 오래 된 신발은 고승高僧의 샌들이다. 그러나 그것은 순금으로 만들어져 있어 신고 다니기 위한 것이 아니고, 종교 의식 때 권위를 상징하기 위해 신었던 것으로 추측된다.

가죽으로 발을 감싸는, 이른바 '신발'이 나타난 것은 기원전 1600년경 바빌로니아에서였다. 모양은 모카신과 같고, 가죽에 구멍을 내고 끈으로 발에다 동여

맨 것으로, 이때부터 신발이 실용화되었던 것으로 보인다. 그렇다고 보편화되어 시민들이 신을 정도가 되었다는 뜻은 아니다. 아직까지 신발은 사회적 계급을 나타내는 심벌이었다.

지금처럼 복사뼈까지 닿는 단화나 장딴지까지 감싸는 장화가 만들어진 것은 르네상스 무렵의 일이다.

午 신발에 발을 맞추고 있던 일본인

일본 신발의 역사는 후지노키 고분藤ノ木古墳에서 발굴된 신발에서 시작한다. 그것 역시 전혀 실용성이 없는 쇠붙이다. 역시 어떠한 의식 때 사용된 것으로 평상시 발에 걸치던 것은 아니었을 것이다. 그 뒤 궁중 의식용 정장에서 나막신이 사용되었다. 그 뒤 습도가 높은 지역적인 특성 때문에 게타下駄(일본 나막신)와 조오리草履(일본식 짚신)의 신발 문화가 오래 계속되었다.

일본인이 구두를 신기 시작한 것은 메이지 유신明治維新 때부터라고 한다. 사카모토 류우마坂本龍馬가 최초로 구두를 신은 일본인이라는 것은 너무나도 유명한 이야기다. 도쿠가와 막부德川幕府의 마지막 쇼군將軍 게

150

이치慶喜도 구두를 신고 있었다. 그러나 서민이 구두를 신기 시작한 것은 한참 뒤의 일이다.

일본의 구두 역사를 이야기할 때 군인들을 빼놓을 수 없다. 부국강병富國强兵이란 국책 아래 서양식 군대가 메이지 유신 직후부터 조직되어 복장도 양복이 되고, 군화도 필요하게 되었다. 그래서 일본 최초의 구두 공장이 1870년 3월 15일, 도쿄東京, 쓰키치築地에 세워졌던 것이다. 물론 육군과 해군 모두 군화를 신었지만 해군은 주로 배 위에서 생활했기 때문에 구두의 압도적인 사용자들은 육군이었다.

제화업이 현재 구미에 많이 뒤지고 있지만, 실은 과거 일본의 신발이 세계적으로 인정받던 때도 있었다. 제1차 세계대전 때의 일이었다. 전쟁이 장기화되자 연합군의 군화가 모자라게 되었다.

당시 유럽의 구두 최대 생산지는 동유럽이었다. 체코, 폴란드가 구두의 본고장으로 지금도 미국의 제작 회사에서는 동유럽에서 구두를 만들고 있다.

왜 군화가 부족했는가 하면, 동유럽이 전쟁터가 되어 있었기 때문에 주문을 해도 납기에 맞춰서 구두를 보내오지 못했기 때문이다.

제1차 세계대전에서 일본은 연합군에 속해 있었다.

연합군 측의 군화 부족을 안 어느 대사가 일본의 구

두 회사에 군화를 대량 주문했던 것이다. 물론 제1차 세계대전에서 일본 본토는 전혀 전쟁의 불길이 미치지 않았었다. 일본의 구두 회사는 납기 내에 주문한 대로의 수량을 어김없이 납품했고, "일본인은 신용을 잘 지킨다."는 매우 좋은 평가를 받았다.

그런데 전쟁 중 일본의 육군에서는 "발에다 신발을 맞추는 게 아니다. 신발에다 발을 맞추는 거다."라는 말이 당연한 말처럼 통했다.

전쟁이 끝나고 군국주의가 사라지고 나서야, 정치적으로 민주주의가 자리잡게 되었다. 교육도 바뀌었다. 그러나 대중에게 배어들어 버린 정신이나 습관은 좀처럼 변하지 않았던 것이다. '신발에다 발을 맞춘다' 라는 이치에도 닿지 않는 말이 바로 최근까지 통하고 있었다. 처음 시작이 얼마나 중요한지 새삼 일깨우는 일화가 아닐 수 없다.

구미와의 교류가 일상적인 것이 되고, 아무래도 일본 신발의 소재는 잘못된 것이 아닌가 하고 생각하는 사람들이 근래에 와서 늘어났다. 특히 해외 생활을 한 사람들은 미국이나 독일에서는 발에 꼭 맞는 신발을 고를 수 있었는데, 귀국했더니 마음에 드는 신발이 없어 일부러 해외에서 보내오도록 하는 경우도 있다. 이처럼 일반인들이 신발과 발에 관심이 높아지기

시작하자 겨우 신발 업계의 변화가 시작되고 있는 것
이다.

〒 하이힐은 베네치아에서 태어났다

하이힐은 15~16세기 무렵 베네치아에서 나타
났다. 미인의 심벌처럼 생각되고 있는 하이힐,
하지만 하이힐이 만들어진 배경은 따로 있다.

막대한 부를 쌓고 '억만장자'라는 말을 듣던 당시
베네치아 공화국의 부자들은 무역을 위해 기나긴 항
해를 떠나지 않을 수 없었다. 그때, 남자들이 집을 떠
나 있는 동안 아내가 마음대로 나다니지 못하게 고안
된 것이 하이힐이었다는 기록이 남아 있다.

또 같은 무렵 베네치아에서는 바닥이 극단적으로
높은 조고리라는 신발이 있었다. 무대 여배우가 신고
롱 드레스를 입으면 키가 커 보였기 때문, 귀족 사
회의 여성들이 모두 신었다고 한다. 그래서 하이힐의
원형은 그 조고리라는 견해도 있다.

중국에서 여자들이 차고 있던 '전족纏足'의 변형이
하이힐이라는 사람도 있다. 전족 역시 여자를 밖으로
나가지 못하게 하기 위해 고안된 것으로 유사한 의미

베네치아의 조고리

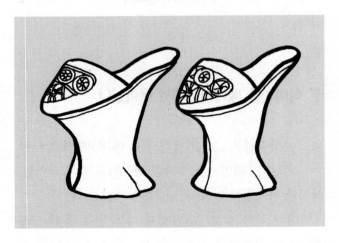

중국의 전족

154

는 있다.

그러니까 하이힐의 역사는 남성 중심주의 사회에서 여성의 자유를 억압하고 여성을 예속시키기 위한 도구였다는 것을 알게 된다. 몬로오 워크라는 말의 이미지에 상징되듯 높은 하이힐을 신고, 힙을 살랑거리고 흔들면서 밸런스를 잡고, 우아하게(빠른 걸음으로 성큼성큼 걷는 것은 불가능하니까) 걷는 여성의 모습이 아름답다고 하는 것은 남성의 눈으로 본 것이고, 여성 자신으로서는 매우 괴롭고 건강하지 못한 걸음일 수밖에 없는 것이다.

여성의 해방을 외치던 19세기 런던의 부인들이 코르셋으로 허리를 조이고, 하이힐을 신고 있었다는 것은 아무래도 아이러니컬한 일이다. 지금도 남녀 고용평등법을 깃발로 내세우며 가두시위를 벌이는 여학생이 발에 익숙하지 않은 펌프스pumps를 신고 있는 것은 아무래도 보기에 좋지 않다. 취업을 할 때도 같은 능력을 갖춘 지원자들 중에 펌프스에 발이 끌려다니는 사람을 채용하지는 않을 것이다. 그래가지고는 집중력도 떨어지고, 입사 후 건강도 해치게 되어 일도 제대로 하지 못하게 되리라는 것은 짐작하기 쉬울 것이다.

만약에 부인이나 딸이 하이힐을 신고 각선미를 드

러낸다면 충고를 아끼지 말기를 바란다. 건강하고 매력적인 자연스런 걸음을 걸을 수 있는 신발이 가장 잘 어울리는 신발이라고 말이다. 어떤 남편도 하이힐로 다리의 노화가 빨리 찾아온 아내를 원하진 않을 것이다.

ㅜ 왜, 신발을 신는가

 본래 신발의 존재 의의는 맨발보다 서 있기에 편하고, 안정되고, 걷기 쉽다는 것에 있다. 상처를 입지 않게 발을 보호한다는 것은 2차적인 기능이다. 중요한 것은, 신발은 발의 기립력, 보행력을 보강해 준다는 것이다.

때문에 좋은 신발이란 두 다리로 안정감 있게 서고, 보행하는 인간의 발의 기능을 높이고, 동시에 매일같이 고생하고 있는 우리의 발을 보호하는 것이어야 한다. 발과 신발의 궁합이 잘 맞아야 몸의 전체적인 건강을 유지할 수 있는 것이다.

한 마디로 좋은 신발이란 가볍고, 바닥이 잘 휘어지는 탄력이 좋은 것이다. 건강을 생각한다면 무거운 신발을 신지 않도록!

그러나 신발 장사는 "신발이란 것은 가벼우면 가벼울수록 좋다는 말은 틀린 말이다. 사람이 걸을 때는 스윙, 즉 흔들리는 추의 운동이 필요한데, 신발이 너무 가벼우면 추의 역할을 못한다. 어느 정도 무거워야만 스윙이 되고 걸을 때 리듬이 생겨서 좋다."라고 말한다.

그러나 절대 그런 일은 없다. 땅바닥이 위험한 상태가 아니라면 보행에 최적인 상태는 맨발이다. 반드시 신발은 가벼울수록 좋다.

실제로 예전의 골프화나 등산화는 매우 무겁고 단단한 것이었다. 그런데 지금은 양쪽 모두 뜀박질을 할 수 있을 정도로 가볍게 나온다. 신발의 경량화는 세계적인 추세다.

또 최근 비즈니스 신발에도 '비즈커즈'(비즈니스용 커즈월)라는 획기적으로 가벼운 신발이 등장해 인기를 모으고 있다. 겉보기에는 이제까지의 비즈니스 신발과 전혀 다를 것이 없으나 바닥이 매우 부드러운 우레탄 폼으로 되어 있고, 전체가 매우 가볍고 걷기 쉽게 만들어졌다. 발 폭도 여러 가지로 나와 있어 종래보다 발에 맞춰 고르기 쉽게 되어 있다.

ヂ 나쁜 신발이 가져오는 질병

나쁜 신발, 결함이 있는 신발이 가져오는 병에
는 다음과 같은 것들이 있다.

외반모지外反母趾, 함입조陷入爪, 슬관절膝關節의 통증
이나 변형, 종골踵骨 아킬레스 건간점액포염腱間粘液包炎
과 같은 발의 병은 물론, 고혈압, 요통, 정신의 불안
정, 기억력 감퇴, 식욕 부진, 두통, 현기증, 어깨 결
림, 집중력 저하, 또 까닭도 없이 나른하다거나 몸의
상태가 좋지 않다는 부정수소不定愁訴 등 전신에 안 좋
은 증상이 있다.

또 여성에게는 불임증, 유산 등 심각한 사태를 유발
시킬 수 있다.

ヂ 이런 신발을 신으면 무릎이 상한다

잘 걷기 위해서는 무릎을 뻗었다 구부리는 단
순한 동작의 되풀이가 자연스럽게 이루어지지
않으면 안 된다. 이러한 동작을 원활히 해 주기 위해
무릎은 매우 정밀한 구조로 이루어져 있어 한 번 고장
이 나면 원상복구가 힘들다.

158

신발의 만족도

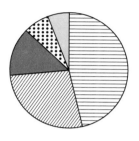

	불만	46.2%
	대체로 만족	27.3%
	매우 불만	13.5%
	만족	7.1%
	매우 만족	5.9%
	합　계	100.0%

전신의 장애

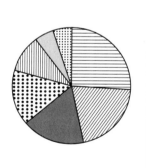

	요통	25.9%
	어깨 결림	20.7%
	두통	17.2%
	집중력 저하	15.5%
	초조감	10.3%
	냉증	5.2%
	식욕부진, 소화력 저하	5.2%
	합　계	100.0%

나쁜 신발은 무릎에 심한 충격을 주고, 반드시 발이나 몸 어딘가에 무리를 주게 된다. 그러다 보면 발 근육의 기본 동작인 긴장과 이완이 원활하지 못하게 된다.

사람의 몸은 어딘가에 문제가 생기면 다른 부분에서 가져다 채우려는 보상작용이 생긴다. 맞지 않는 신발로 무리하게 걸으려고 하면 근육에 필요 없는 힘이 들어가 무릎에 심한 부담을 주게 된다.

그렇다면 어떤 신발이 무릎에 좋지 않을까.

1 뒤꿈치가 딱딱하다. 바닥이 얇다
걸을 때의 충격을 무릎이 그대로 받게 된다.

2 신발 앞축이 극단적으로 좁다
새끼발가락과 엄지발가락이 강하게 눌리며 발바닥의 오목한 부위 근육 신축을 부자유스럽게 만든다.

3 발의 되돌림이 안 좋다
신발 바닥이 딱딱하고 앞축 부분이 굽어지지 않는 신발은 걸을 때 휘어지는 발의 자연스런 운동에 오히려 방해가 된다. 즉 자연스런 굴신 운동이 안 되고 내민 것 같은 걸음걸이가 된다.

④ 아킬레스건에 해당되는 부분이 너무 연하다

신발의 소재는 닿는 면이 부드러운 것일수록 좋은 것이지만, 똑바로 발을 지지해 주지 않으면 발이 불안정해져 힘이 들어가지 않게 된다. 그것은 결국 근육이나 무릎에 무리를 주게 된다.

⑤ 너무 크거나 너무 작다. 신발 속에서 발이 미끄러진다

이것은 최악의 신발이다.

이상을 참고로 무릎을 상하지 않는 좋은 신발을 고르도록 한다. 또 아무리 좋은 신발을 신고 있더라도 무리하게 운동을 하면 무릎을 다치고 만다. 뛰고 달리는 과격한 스포츠를 할 때는 반드시 충분한 준비 운동을 빼놓지 말아야 한다.

고혈압에는 신발에다 배려를

중장년이 되면 고혈압이 걱정돼 식사에 신경을 쓰거나 술의 양을 줄인다. 보다 현명한 사람은 가벼운 운동을 시작하기도 한다, 그런데 의외로

뒷전으로 밀려나는 것이 신발이다.

　혈압을 낮추는 효과적인 방법 중 하나는 발바닥 전체에 분포해 있는 전신의 신경을 자극해 혈행을 좋게 하는 것이다. 발바닥을 적당히 자극하면, 그 자극이 허리에서 척수를 지나 뇌로 전해져 호르몬이나 자율신경을 조절하는 뇌하수체 등을 자극해 혈압을 낮추게 한다.

　반대로 발의 혈행을 악화시켜서 혈압을 상승시키는 원인은, 발에 맞지 않는 신발을 장시간 신고 있을 때이다. 발이 답답하게 압박을 받으면 마음까지 불안해져 안절부절 못하게 된다. 그런 상태는 정말이지 혈압에 좋을 까닭이 없다.

　혈압이 걱정되기 시작하면 신발과 발에 신경을 써야 한다.

〒 하이힐은 발의 천적

　최근 거리에서 하이힐을 신은 여성을 보는 일이 줄어들었다. 큰 가방을 들고 바쁘게 일을 하고 있는 커리어 우먼들 대부분이 낮은 굽의 신발을 신고 있다. 힐을 신고 있더라도 고작해야 로우 힐 타입이다. 예전처럼 뾰죽한 굽의 하이힐을 신고 거리를 활보하는 사람은 거의 없는 것 같다. 일하는 사람에게 하이힐이 얼마나 부자연스럽고 불편한 존재인가가 공감되었기 때문일 것이다.

하이힐은 굽의 높이가 8Cm 이상이며 디자인하기에 따라서는 12~13Cm나 되고, 몸무게를 극단적으로 발가락 뿌리에 집중시킨다. 거기다가 발가락이 거북스럽게 조여지고 있기 때문에 뼈, 건, 근에 심각한 부담을 준다. 그 때문에 요통, 두통, 무릎 관절의 동통疼痛, 변형, 불임증, 난산, 유산 등, 몸에 생각지 않게 나쁜 영향을 끼치는 것이다.

중족골 골두中足骨骨頭에 과중한 무게가 실리면 허리를 억지로 굽힌 것처럼 온몸의 균형이 깨어져 척추 이상이 생길 수 있다. 또한 발 밑이 흔들거려 관절을 삐는 일도 많다.

극단적인 예지만, 런던의 톱 모델이 하이힐을 오래 신은 것이 원인이 돼 사망하는 사건도 있었다.

건강을 생각한다면 하이힐은 신지 않는 것이 좋다. 특별히 필요한 경우라면 푹신한 카페트 위에서 거의 걷지 않아도 되는 상태, 그러니까 파티 같은 자리에 한정해야 한다. 파티 장소까지는 굽이 낮은 신발을 신고 가는 것이 정말 멋을 아는 사람이 아닐까.

아무리 화장을 잘 하고, 최신 유행의 고급 드레스를 입고 있어도 발을 질질 끌며 고통으로 일그러진 웃음을 웃는 여자는 결코 매력적일 수 없다.

ㅜ 몸을 피곤하기 쉽게 하는 신발이란

한창 일을 할 나이의 사람들로부터 "어쩐지 피로가 빨리 온다." "피로가 풀리지 않는다." 는 말을 자주 듣고 있다. 이렇다할 원인도 없는데, 비타민제나 강장제를 아무리 먹어도 밤에 곤한 잠을 자지 못한다는 사람이 많다. 그 원인을 스트레스라고 말하고 있으나, 스트레스를 가져오는 원인의 하나가 발에 맞지 않는 신발이다.

몸의 피로는 혈액 순환이 나빠지고, 그 때문에 울혈과 붓는 상태가 눈에 띄도록 나타나는 것이다. 이미 설명한 것처럼 울혈은 맞지 않는 신발을 신고 있을 때 일어나기 쉽다. 발은 제2의 심장이다. 발이 피곤하면 온몸이 피곤해진다.

몸 전체가 물에 불은 상태가 되고, 몸은 산성 상태가 된다. 특히 중장년에게 있어서 몸의 산성화는 만병의 근원이 될 위험이 있다. 그냥 있어도 체력이 떨

어지는 중장년이 되면 반드시 신발은 발에 맞는 것을
신어야 한다.

二 가늘고 고급스런 신발은 발을 변형시킨다

폭이 가늘고 고상한 모양의 신발은 고급스런
느낌이 든다. 특히 여자 구두인 경우는 깜찍
하고 매우 멋이 있어 보인다. 그런데 이러한 신발은
제3장에서 말한 것처럼 발가락과 발톱의 변형을 가
져온다. 발의 건강상 매우 나쁜 신발인 것이다. 그런
신발을 계속 신으면 안절부절 못하는 정서불안까지
갈 수 있다.

거북한 신발을 신고 있으면 당연히 발가락이 압박받
아 혈행이 나빠지고, 발이 부어오른다. 또 아킬레스건
주위염이나 신발에 쓸리는 상처를 남기기도 한다.

二 발등에 부담을 주는 큰 신발

발에 꼭 맞는 신발이 좀처럼 눈에 띄지 않을
때, 너무 작은 것보다는 좀 크다 싶은 신발을

사 버리는 것이 보통이다. 특히 남자는 끈으로 묶는
구두를 고르는 수가 많다. 좀 큰 것은 끈으로 묶어서
조절하면 된다고 생각하기 때문이다.

그런데 큰 신발을 신게 되면 신발 속에서 발이 앞뒤
로 움직이고, 발의 무게가 몽땅 발등에 쏠려 몹시 피
곤해진다.

또 발가락 둘레가 헐렁하기 때문에 무좀이 생기거
나 발가락 끝이 차지거나 한다. 발이 신발 속에서 헤
엄을 치기 때문에 발등이나 장딴지가 팽팽해져 아파
질 때가 많게 된다.

〒 균형이 맞지 않는 신발은 불량품

 신고 있는 동안에 변형돼 버린 신발은 그런대
로 발에 맞게 변한 것이니까 크게 무리를 느끼
지 않을 수도 있다.

그런데 처음부터 균형이 맞지 않는 것은 신발로서
의 완성도가 떨어지는 상품이다. 즉 불량품인 것이
다. 신발의 불균형을 몸이 맞춰가려고 하기 때문에 대
단한 무리가 따르게 되는 것이다.

그 결과 못이나 티눈이 생기며, 또 O다리나 X다리

166

가 될 수도 있다. 또한 부자연스런 자세를 만들어 허리나 척추에 부담이 되기 때문에 단순히 발의 문제에 그치지 않는다.

발이 얕게 들어가는 신발, 깊은 신발

얕게 신는 신발을 고를 때, 실은 꼭 맞는 사이즈인데 좀 헐렁하다 싶어 좀 작은 신발을 사게 될 경우가 많다. 그런데 이처럼 작은 신발은 외반모지, 물집, 못, 아킬레스건 주위염 같은 증상을 일으킨다. 얕은 신발을 살 때 좀 느슨한 것이 좋다.

발에 병이 있는 사람은 깊게 신는 신발이 좋다. 그러나 자기 발등의 높이에 맞지 않으면 역효과를 일으킨다. 즉, 발이 발톱 끝쪽으로 미끄러져 함입조가 생기거나, 발등이 쓸려 염증을 일으키거나 한다.

값싼 신발의 함정

바겐세일로 파는 값이 싼 신발은 겉보기가 조잡하면 안 팔리기 때문에, 가장 눈에 안 띄는

바닥의 구조에 손이 덜 간 것이 많다.

우선 바닥을 얇게 만든 것들이 많은데 그런 신발은 쇼크를 그대로 발에다 전달해 버린다. 부드러운 모래 터나 흙 위라면 적당한 쇼크로 발을 자극하기 때문에 맨발로 걷는 편이 좋지만, 아스팔트나 콘크리트, 인공 대리석 위에서는 발에 주는 쇼크가 크기 때문에 신발 밑창이 적당하게 두툼한 것이 좋은 것이다.

특히 살이 찐 사람은 부담이 큰 만큼 발바닥 건막염腱膜炎이 되기 쉽고, 못, 물집, 중족 골두통中足骨頭痛 같은 증상도 유발된다. 또한 혈압 이상 등의 성인병 증상이나, 여성이라면 생리 불순을 초래한다. 이와 같이 발이 받은 쇼크는 허리와 무릎에 크게 영향을 주고, 서서히 신경을 좀먹어 신체의 기능도 손상시키는 것이다.

또 발바닥의 오목하게 들어간 아치 부분을 전혀 고려하지 않은, 신발이라고는 생각할 수도 없는 물건도 있다. 사람의 발 가운데서 오목한 아치는 소중한 곳이다. 아치 라인이 아무렇게나 만들어진 신발은 발이 견딜 수 없는 신발이다. 아치 형성이 덜 된 어린이가 이러한 불량 신발을 신고 있으면 평발이 되기 쉽다.

〒 방수성이 좋다 = 통기성이 나쁘다?

통기성이 안 좋은 신발의 대표적인 것들은 비닐로 만든 레인 슈즈, 방한화, 안전화安全靴 등이다. 또 어린이용 싸구려 스포츠화 같은 것에도 통기성이 나쁜 것이 있다.

최근에는 속으로부터의 발한성發汗性은 좋고, 밖으로부터의 방수성이 뛰어난 소재의 신발이 나오고 있다. 신발의 재질 표시를 확인하고 나서 사도록 하자.

통기성이 나쁜 신발을 신고 있으면 발 냄새가 날 뿐만 아니라 무좀, 발톱의 변형을 초래한다.

〒 지나치게 부드러운 신발, 너무 단단한 신발은 요주의

부드러운 가죽 구두는 매우 신기가 편하다. 그러나 지나치게 부드러워도 문제가 된다. 이를테면 압박감이 거의 없기 때문에 너무 작은 신발을 사 버리는 수가 있다. 그것은 발에 익숙해지기 쉬운 반면에 모양이 일찍 무너지고, 자주 다시 사야 하는 경제적인 문제도 뒤따른다. 또 깨닫지 못하는 사이에 외반모지나 발톱의 변형이 생기기 쉽다.

한편 너무 단단한 가죽으로 만들어진 구두는 발을 압박하며 기능을 떨어뜨리게 한다. 티눈, 못, 중족골 골두통, 해머지(망치 발가락) 같은 증상은 단단한 구두가 원인이기 쉽다.

구 「노인화老人靴」의 개발

전쟁 중 일본 군대에서는 '발에다 신발을 맞추는 것이 아니다. 신발에다 발을 맞춰라' 라고까지 했다. 그리고 전후에도 일본의 행정은 국민의 건강에 이처럼 중대한 영향을 미치는 신발에 대해 좀처럼 관심을 기울이려 하지 않았다.

그러다 최근에야 겨우 변하게 된 것이다.

후생성厚生省에는 국립건강영양연구소國立健康榮養研究所라는 연구 기관이 있다. 92년에 나는 그 곳의 위탁 연구원이 되어 년간 100만엔의 연구비 지원을 받으며 신발과 발을 연구하였다.

93년, 역시 후생성 안에 장수과학연구반長壽科學研究班이 생겨났다.

그 안에 생활지원기기개발반生活支援機器開發班이 있

170

고, 거기서 년간 200만엔의 연구비를 3년 동안 받아서 노인화를 개발했다. 노인을 위한 안전하고 신기에 편한 신발을 만들어 낸 것이었다. 그러나 그것은 이름이 좋지 않았다. 왜냐하면 노인들은 자기를 노인이라고는 생각하지 않기 때문에 손에 집어들 때부터 거부감을 느끼는 것이다. 모처럼 심혈을 기울여 개발한 '노인화'도 그래서 외면당하고 있는 것이다. 또, 일본에서는 신발의 유통 과정이 상당히 복잡해서 애써 개발한 '노인화'도 일반 가게에서 팔리지 못하고 있다. 그러나 가까운 장래에 반드시 시장에서 팔릴 수 있으리라 생각하고 있다. 이 '노인화'에 대해서는 제7장에서 상세하게 설명하겠다.

또 95년 6월부터는 통산성通産省 안에 신발과 건강에 관한 조사 연구위원회라는 상당히 큰 프로젝트가 발족됐다. 8명의 위원으로 발족되었고, 나는 그 곳의 위원장을 맡고 있다. 20년쯤 전에도 통산성이 일본인의 발 모양을 조사한 적이 있었다. 그렇게 만들어진 것이. 현행의 JIS규격이다. 그런데 근래 20년 동안 평균 키가 커지고 발도 커져서 그 규격은 도저히 현실적일 수 없게 되었다. "어떤 신발 가게를 가도 맞는 신발이 없다."고 불평하는 사람들이 많아진 것은 당연한 일이다.

그럼 어디로 가면 발에 맞는 신발을 찾을 수 있을까. 그 문제를 해소하기 위해서 위원회가 지정하는 신발을 공부하고 있는 신발 가게를 전국 각지에다 배치하려고 지금 자료를 모으고 있다. 이를테면, 도쿄를 몇몇 개의 블록으로 나눠서 그 지역 사람들의 발에 꼭 맞는 신발을 찾을 수 있는 가게를 소개할 수 있게 하는 것이다.

95년에는, 인간의 발을 컴퓨터를 사용해 입체적으로 측정할 수 있는 기구를 공모했다. 전국의 각 대학과 연구소에서 4000건의 응모가 있었다. 그 가운데서 100건을 골라 96년도 연구 자금을 통산성에서 내주었다.

이와 같이 일본의 신발 연구는 급속하게 좋은 방향으로 진전되어 가고 있다.

구「치료화治療靴」는 너무 비싸서 탈

좀 늦어지기는 했지만, 내가 여러 해 동안 주장해 왔던 발의 건강과 신발의 관계가 행정적으로도 널리 인정받게 되었고, 신발 업자도 신발을 생각하는 방식이 조금씩 바뀌어 가고 있다.

그러나, "그럼, 지금까지 고생해서 찾고 있던 치료화治療靴도 손쉽게 살 수 있게 될까요."라는 질문에 대한 답은 좀 곤란한 게 사실이다. 아직 거기까지는 신발 업계의 인식이 따라가지 못하고 있기 때문이다.

우선 제대로 된 신발을 만드는 방법을 교육하는 학교가 일본에는 없다. 미국과 같이 신발을 전문적으로 다루는 사람을 선발하는 국가 자격 제도도 없다. 이런 것은 모든 것을 업계에다 맡기는 것이 아니고, 나라가 후원해서 학교를 만들고, 자격 제도를 정착시켜야 하는 것이다.

현재 신체가 부자유스런 사람을 위해서는 여러 가지 자동 기구가 만들어지고 있다. 또 고령화 사회를 맞이해서 갖가지 고령자용 편리한 도구도 보급되고 있다. 그러나 어찌된 셈인지 중요한 신발은 빠뜨리고 있는 것이다. 소아마비나 교통사고도 발이 부자유스러워져 '보통 신발'을 신을 수 없는 사람이 많다. 그런 사람들을 위한 신발을 일본의 신발 업계는 전혀 만들지 않고 있다.

환자들을 위한 신발을 만드는 데가 없어서 나 역시 어려움을 겪고 있다. 지금까지 환자를 위한 치료화는 의지장구義肢裝具를 만드는 데다 부탁해서 제작하고 있다. 이렇게 하고는 있지만 이상과는 거리가 멀다. 더구나 하나씩 손으로 만드는 것이니까 한 켤레에 7~8만엔 정도로 대단히 값이 비싸다.

신발은 생활에서 빠뜨릴 수 없는 필수품이다. 어떻게 싸게 보통 신발 값 정도로 만들 수 없을까. 그리고 더 손쉽게 구할 수는 없을까를 궁리중이다.

〒 일본 신발 시장의 현황은

현재 신발은 세계에서 1년 동안에 약 90만 켤레가 팔리고 있다. 일본에서는 년간 5억4천만 켤레쯤 생산되고 있다.

어릴 때부터 노인이 되기까지 사람은 평생 신발을 신는다. 그 대부분의 사람이 자기 발에 맞는 신발을 좀처럼 찾을 수 없는 어려움을 당하고 있다. 그런데 지금 일본 신발 업계의 기술은 거의가 그 현상을 따라가지 못하고 있다.

또 가격면에서도 생활필수품으로서는 다른 물건과 비교해 비싸게 팔리고 있다. 그것은 여러 가지 장벽이 있기 때문이다. 신발의 원료가 되는 가죽이나 신기에 편하다는 구미의 신발에는 관세가 많이 붙어 원가가 높게 책정되기 때문이다. 그 때문인지 몰라도 가죽 신발은 품질 향상이 좀처럼 되지 않고 있다.

그러나 예외도 있다. 스포츠화의 경우는 대단히 우수한 신발이 자꾸만 수입되기 때문에, 최근에는 국산도 매우 좋은 신발이 나와 외국 제품과 경쟁도 가능할 정도가 되었다.

그런데 95년 1월 17일의 한신대진재阪神大震災에서는 많은 사람이 희생되고, 도시도 심하게 파괴되는 피해를 입고 말았다. 특히 고베神戸에는 일본의 제화 업계를 지탱하는 많은 공장이 있었다. 그 곳의 신발 공장의 조속한 재건은 물론 더욱 좋은 시설을 투자해 세계 선진국에 지지 않는 일본의 신발 공장을 만들었으면 하는 바램이다.

통산성도 상당한 예산을 고베의 제화 업계의 재건에 돌리고 있는 모양이다.

宀 신발에 대한 관심을 높이자

일본화의학회日本靴醫學會는 일본학술회의의 승인을 얻은 공식적인 학술 연구단체로서 공중위생과의 2부에 속해 있다. 아직 일반인에게는 잘 알려지지 않은 학회지만, 전신에 해당하는 연구회로부터 13년, 정식 학회가 되고 나서부터는 10년이 된다. 환자의 발을 보고 신발과 발의 적합성을 연구하는 학회다. 현재 전국적으로 회원이 800명에 달한다. 이들 대부분은 정형외과 의사지만 내과의 당뇨병 전문의, 신발 업자, 인간공학 연구가, 보건 위생사, 스포츠 강사도 있다. 앞으로 이 학회에 초·중등 교육에 종사하고 있는 체육 교사들이 참여해 신발과 발의 건강을 널리 생각하고 연구해 갈 수 있기를 바라고 있다.

대단히 아쉬운 것은 일본에서는 신발 업계만이 아니고 정형외과 의사들도 좀처럼 신발에는 관심을 보이지 않고 있다는 사실이다. 발이 전문인 정형외과 의사라고 할지라도 열심히 연구하는 것은 어려운 발의 수술 방법과 같은 것이다. 그러나 신발과 발은 따로 떼어내 생각할 수는 없는 불가분의 관계에 있다. 발 전문가라면 신발에 대해 보다 진지하게 관심을 가져야 한다.

제 6 장

■

신발을 잘 고르는 법

〒 신발의 소재는 가지가지

신발은 대개 가죽으로 되어 있다. 가죽의 종류도 많은데, 각각의 가죽은 사용 목적에 따라 다르게 쓰이고 있다.

신발용으로 제일 많이 쓰이는 것이 소가죽이다. 소가죽은 소가 성장하는 데 따라 카프, 킷프, 스테어, 카우의 4종류로 나뉘어진다. 카프, 킷프는 부드러운 가죽으로 예장용禮裝用 등 고급화로, 튼튼한 카우는 신발 밑창이나 속 바닥 같은 안 보이는 부분에 쓰인다. 그리고 스테어는 캐주얼화 같은 대중적인 신발에 쓰이고 있다.

말 가죽은 튼튼하기로는 소가죽보다 훨씬 떨어지지만, 엉덩이 가죽은 고급 신사 구두에 쓰인다. ·

산양의 가죽은 킷드와 고드의 두 종류가 있다. 어느 쪽이나 얇고 가볍고, 더구나 튼튼하고 팽팽하며, 독특한 털구멍에 의한 질감 때문에 고급 구두에 쓰인다.

돼지 가죽은 털구멍에 특징이 있고, 마찰에 강하고 튼튼하다. 더구나 통기성이 좋은 가죽이다. 이전에는 돼지 가죽하면, 싸구려 가죽의 대명사였으나, 지금은 염색이나 압염 가공이 발전해서 캐주얼화로 널리 쓰이고 있다.

양피는 부드럽고 가벼우며 방한성이 뛰어나다.

멧돼지 가죽의 일종인 펫커리는 탄력이 좋고, 신축성이 강한 특징이 있다.

이들 가죽은 약품으로 장시간 다뤄서 사용할 수 있는 가죽으로 가공한다. 가죽을 다루는 기술에는 금속계 광물로 부드럽게 만드는 크롤 다루기, 튼튼하게 마무리하는 식물의 떫은 성분을 이용한 탄닌 다루기, 그 두 가지를 써서 부드럽고 튼튼하게 만드는 혼합 다루기라는 방법이 있다. 또 사용 목적에 따라서 여러 가지로 가공되어 신발 재료가 되는 것이다.

최근엔 화학 섬유 소재도 다양하게 개발돼 그것을

신발의 구조

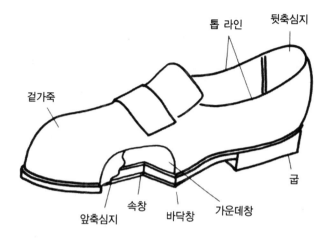

톱 라인
뒷축심지
겉가죽
굽
앞축심지
속창
바닥창
가운데창

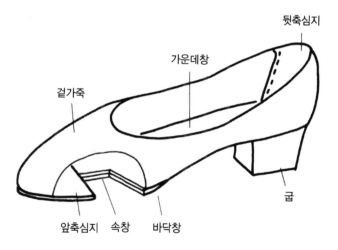

뒷축심지
가운데창
겉가죽
굽
앞축심지
속창
바닥창

이용하려는 시도도 있다. 스페이스 셔틀space shuttle
의 지구 귀환 때 낙하산으로 쓰였던 특수한 천으로
스포츠화를 만들려고 하는 것이 그것이다. 또한 우주
복의 소재는 외부로부터는 완전하게 피부를 보호하
고, 몸에서 발산되는 땀은 신속하게 밖으로 내보내는
것이 요구된다. 좀더 과장한다면 우주에서 인간이 놓
여 있는 상태와 신발 속의 발의 상태가 매우 닮았다
는 것이다. 즉, 발을 불어터지게 하는 땀은 밖으로 내
보내야 되고, 비는 신발 속으로 들어오면 안 된다는
것이다.

러닝화와 같은 스포츠화에는 최근 이것을 표시한
제품이 스포츠 용구점에 여러 가지 나와 있다.

신발 밑창의 소재도 가죽이나 고무, 경질의 화학제
품뿐이었는데, 폴리 우레탄의 개량으로 가볍고 부드
럽고 튼튼한 것이 선보이고 있다. 또 밑바닥에 공기를
넣고 그 양을 조절함으로써 보다 신는 사람의 발의 상
태에 맞추고자 하는 신발도 나왔다.

〒 신발을 고르기 전의 마음가짐

지금까지의 설명으로 신발을 잘 고르지 않으면 건강상 큰 문제가 생길 수 있다는 것을 잘 알았을 것이다. 그러면 실제로 어떻게 신발을 고르면 좋을까.

제일 좋은 신발은 신었다는 느낌이 없는 신발, 즉 맨발보다도 훨씬 발이 편한 신발이다.

어떤 신발 가게에 가더라도 좀처럼 자기에게 꼭 맞는 신발을 찾기는 어렵다. 발의 모양은 열이면 열 모두 다르다. 또한 같은 사람이라도 몸무게의 증감에 따라서 꼭 맞는 신발의 기준은 변하는 것이고, 나이에 따라서도 달라지는 것이다. A씨에게 대단히 좋은 신발이라고 생각돼도 B씨에게는 꼭 맞는 신발일 수 없다. 이것이 신발 찾기의 어려운 점이다.

신발을 집어들기 전에 먼저 이런 주의사항이 필요하다.

① 발의 크기와 모양은 앉아 있을 때, 서 있을 때, 달리고 있을 때와 다르기 때문에 목적에 맞는 신발을 고른다.

② 아침과 저녁, 일을 시작했을 때와 끝났을 때와는 발의 크기가 다르기 때문에 저녁때 일이 끝난 뒤

발 사이즈 재기

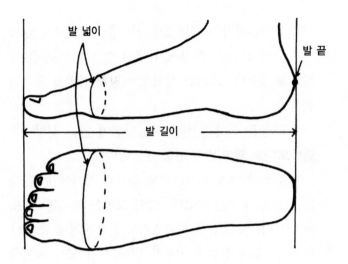

발 넓이

발 끝

발 길이

에 사도록 한다.

③ 온도에 따라서도 발의 크기가 다르기 때문에 더운 날, 추운 날과 같이 극단적으로 온도가 다를 때는 사지 않는다.

④ 병중, 병후에는 발이 작아져 있으므로 주의한다.

⑤ 신발가게에서 시험 삼아 신어 볼 때는 푹신한 카페트 위가 아니고, 딱딱한 바닥에서 확인한다.

⑥ 신발을 고르는 동안 마음에 들지 않는 신발은 절대 사지 않는다.

⑦ 어딘가 결함이 있는 신발은 절대 사지 않는다.

⑧ 신발을 고를 때는 시간을 충분히 갖는다.

또, 꼭 맞는 신발을 고르기 위해서는 먼저 자기 발의 사이즈를 정확하게 알아야 한다. 시판되고 있는 신발은 공업규격에 의해서 정해져 있다. 그것을 정하는 것은 발의 길이, 발의 둘레의 2개항이다.

각각 재는 법은 그림과 같다. 신기가 편하다는 이유로 폭이 넓은 2E나 3E의 신발을 많이 고르게 되는데, 폭이 넓은 신발은 안에서 발가락을 굽힐 수 있기 때문에 실제 자신의 발 길이보다 짧은 신발을 고를 수 있다.

정확하게 발 크기를 재 보면 자기가 생각했던 것보다 발이 길고, 폭은 좁았다는 사람도 있을 것이다. 저녁 때 정확하게 잴 것을 권한다.

┯ 먼저 손에 집어들고, 일곱 가지 포인트를 살핀다

 마음에 드는 신발이 있으면 다음 사항을 반드시 체크해 보도록 한다.

1 접착 부분을 점검한다

뒤꿈치의 붙인 곳, 발톱 끝, 발바닥 오목하게 들어간 아치 부분의 접착, 봉합이 충분히 되어 있는가. 틈새나 느슨해진 데는 없는가.

2 손으로 슬쩍 문질러 본다

바느질 자국이나, 못이 닿지 않는가. 밑창, 속 바닥, 안창에 울퉁불퉁한 것이나 주름은 없는가.

3 안쪽을 잘 살핀다

발바닥 오목하게 들어간 아치 부분이 너무 부풀어 올라 있지 않은가. 이 부분이 부풀어 있다면 두 말할 필요도 없는 낙제품이다.

4 신발 앞부분을 손으로 눌러 본다

가죽에 부피가 있는가를 살펴본다. 납작하게 들어가 있거나 너무 딱딱해도 안 된다.

5 신발을 굽혀 본다

발가락 밑동이 굽어지는가. 잘 굽혀지지 않는 신발은 걷기 어렵다.

⑥ 가벼운가 아닌가

⑦ 바닥에 내려놓고 위에서 내려다본다

톱 라인이 똑바른가. 좌우 뒤꿈치의 균형은 잡혀 있는가.

두 시험 삼아 신어 보고, 꼼꼼하게 점검을

드디어 "이 신발이다."고 결정을 내리고 살 때는 시험 삼아 신어 보고 나서 구입하도록 한다. 확인할 것은 신발 속에서 발이 미끄러지지 않는지, 거북한 부분은 없는지를 점검한다.

① 두 발은 넣는다

한 쪽 발만 넣어 보고 거울로 모양을 보는 것이 아니라 반드시 좌우 양쪽의 신발을 신을 것. 사람의 발은 누구나 조금씩 좌우의 크기가 다르다. 최근에 같은 디자인으로 사이즈만 좌우 따로따로 파는 신발 가게도 생겨났지만, 아직도 대부분은 그렇지 못하다. 그러니까 반드시 양쪽을 신어 보고 큰 쪽 발에 꼭 맞는 신발을 고르고, 조금 헐렁한 쪽은 깔창으로 조절한

다. 그리고 신고 그냥 서 있을 것이 아니라 다음과 같
이 갖가지 부자연스런 포즈를 취해 본다. 뒤꿈치가 벗
겨지지 않고, 발가락 뿌리께가 잘 맞으면 합격이다.

② 뒤꿈치로 서기
양발 뒤꿈치로 서 본다. 다음에 좌우 번갈아서 뒤꿈
치로 선다.

③ 발가락 끝으로 서기
양발로 함께 발가락 끝으로 서 본다. 좌우 번갈아서
발가락 끝으로 서 본다. 체크할 것은 발가락 뿌리께의
굽은 정도이다. 뒤꿈치가 벗겨지거나 엇갈리거나 해
도 안 된다.

④ 쪼그리고 앉는다
발가락 끝으로 서고, 엉덩이를 단단히 발 뒤꿈치에
붙인다. 그대로 사타구니를 벌린다.

⑤ 종종걸음으로 걷는다
약간의 시간을 가지고 걸어 본다.

⑥ 발의 바깥쪽과 안쪽으로 충분히 몸무게를 싣고 선다

⑦ 계단 같은 데서 발 뒤꿈치를 내밀고, 상하운동을 해 본다.

⑧ 발끝으로 서서 뛰어 본다

ㅜ 사이즈를 정하는 여섯 가지 포인트

이제 신발을 신어 보고 크기를 정하는 여섯 가지 포인트를 소개하기로 한다.

① 신발에 발의 힘이 걸리는 정도를 본다
다음 그림의 사선 부분이 너무 느슨하거나 단단하지 않게 꼭 맞는가. 특히 엄지발톱이 세게 부딪치고 있지 않은지 확인한다.

② 발가락 전부가 신발 바닥에 똑바로 닿고 있는가
떠 있는 발가락이 없어야 하며, 또 발바닥의 오목하게 들어간 부위가 공중에 있다면 실격.

사이즈를 선택하는 포인트

① 힘이 걸리는 상태를 본다

② 발가락이 바닥에 붙어 있나

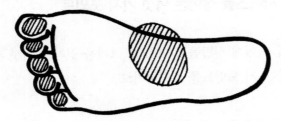

③ 발이 고정되어 있나

190

해머지가 된 제2지

① 발가락 끝까지 발을 넣고 연필이 들어가는가

② 뒤꿈치가 고정되어 있는가

③ 복사뼈와 톱 라인의 체크

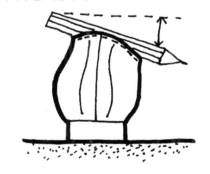

③ 발이 신발 속에서 똑바로 고정되어 있는가

발등이나 뒤꿈치의 커브가 맞는가, 발바닥의 오목하게 들어간 부위가 바닥에 딱 붙어 있는가, 엄지발가락의 뿌리께가 똑바로 신발 바닥에 닿고 있는가를 확인한다.

④ 신발의 앞 끝과 엄지발가락 사이에는 1Cm 정도의 공간이 있는가

발 뒤꿈치를 똑바로 신발 뒤꿈치에 맞추어 대고 신발 앞 끝을 손가락으로 세게 눌러 쑥 들어가면 합격이다. 공간의 폭을 잘 알지 못할 때는 반대로 발톱 끝을 신발 앞축에 붙인 상태로 뒤꿈치와 신발 사이에 연필 하나가 들어가면 합격이다.

⑤ 뒤꿈치가 똑바로 고정되고 있는가

신발 속에서 발을 움직여 본다. 발가락은 자유롭게 움직여도 뒤꿈치는 딱 붙어서 움직이지 않아야 된다.

⑥ 복사뼈가 닿지 않을 것

신발을 신어 안쪽도 바깥쪽도 복사뼈가 닿으면 안된다. 또 톱 라인에 연필을 올려놓았을 때 안쪽이 바깥쪽보다 높은 신발이 좋다.

千 신뢰할 수 있는 신발 가게를 고른다

신발은 어떤 가게에서 사야 좋을까. 외곬수의 구두 직공이 또박또박 만들고 있는 주문 제작하는 작은 신발 가게일까, 그보다는 오래 된 유명점일까. 아니면 첨단 패션과 함께 늘어놓고 있는 부띠끄 계통의 신발 매장일까. 백화점의 신발 매장도 있다. 그러나 신발 가게를 고르는 포인트는 유명 매장과는 상관이 없다.

한 마디로 좋은 신발 가게란 앞서 소개한 것같이 그냥 신어 보는 것을 기분 좋게 해 주는 가게인 것이다.

구체적으로는 당신이 손에 집어든 신발을 보고 무책임하게 "잘 어울리는군요."라고 상술만 잔뜩 밴 말을 하는 것이 아니라 "어떤 구두를 찾으십니까. 실례지만 하시는 일은 많이 걸어다니는 일인가요? 그보다는 책상에 앉아서 사무를 보시는 일입니까? 어떤 때 신는 구두를 찾으시죠?"라고 슬쩍 묻고 나서, "이것도 한 번 신어 보시죠."라고 당신이 고르고 있는 것과는 다른 모양, 소재, 사이즈의 것을 내 주는 가게나, "둘 다 모두 신어 보세요. 거울 앞에서요."라고 말하는 신발 가게라면 더 말할 것이 없다. 그런 가게는 어지간히 신발을 거칠게 다루지 않는한 그냥 신어 보는 것을 싫어하거나 하지는 않을 것이다.

다만 아쉽게도 대개의 신발 가게는 그렇게 신어 보기만 하고 "역시 발에 꼭 맞지가 않아 그만 두겠어요."라고 말하면 몹시 불쾌한 얼굴을 할 것이다. 그러나 당신의 건강을 지탱할 발을 지키는 신발을 고르는 것이니까 눈치를 볼 필요가 없다. 당당하게 신어 보도록 한다. 노골적으로 싫은 얼굴을 한다면 다시는 그 가게에 가지 않도록 한다.

신발을 사랑하고 진정으로 손님을 소중히 하는 신발 가게라면 신발을 산 뒤에도 어떻게 하면 그 신발을 쾌적하게 오래 신을 수 있을까 하는 것을 조언해 줄 것이다. 나중에 수리도 책임지고 해 줄 것이다.

가죽 밑창의 신발이라면 손질하는 방법을 설명을 하면서 미끄럼 방지를 위해서 조금 상처를 주거나, 밍크오일을 발라서 상자에 넣어 주거나, 또는 "평상시에 신으실 건가요?"라고 확인하고 나서 방수 스프레이를 뿌려 주기도 할 것이다. 신발에 맞춰서 신발 세척제를 넣어 주는 데도 있을 것이다.

우 기다려지는 신발 고르기의 프로

신발 전문가 양성 과정이 세계적으로 잘 되어 있는 나라가 미국이다. 신발 업계에 종사하는 사람 가운데 더 공부를 하고 싶은 사람이 1개월 이상 집중 강의를 받고 국가 시험을 통과하면, Certified Pedorthist(공인처방화사公認處方靴士)라는 칭호를 얻게 된다. 처방화를 만드는 신발 가게라는 칭호를 얻는 것이다. 나는 그 면허증을 갖고 있다.

구체적으로는 의사가 환자의 발을 보고 신발의 처방전을 쓰고, 환자가 그것을 Certified Pedorthist 한테 가지고 가면 처방전대로 신발을 환자에게 만들어 주는 시스템이다.

그 위에 Podiatrist라는 국가 자격증 제도도 있다. 대학 과정에서 4년간 공부하고, 다시 4년간 Podia-tric Medical School에 들어가서 인턴 과정을 마치고, 국가 시험을 통과하면 Doctor of Podiatric Medicine이라는 국가 자격증을 취득하게 된다. 그 사람들은 일반적으로 말하는 외과의사는 아니지만 발을 수술하는 것이 허용되고 있다.

그런 시스템이 아직 국내에는 없다.

우리는 시력이 좋지 않아 안경을 맞출 때도 시력검

사는 소홀히 하고 길가에서 바겐 상품을 사게 되는 경우도 많다. 국내에서도 미국과 마찬가지로, 검안사檢眼士가 있어 정확한 시력 측정을 한다. 이와 같이 안과 의사나 검안사에게 반드시 바른 검안을 받고 나서 안경을 맞추지만, 막상 안경테를 고른다고 하더라도 렌즈의 두께나 자신의 취향에 맞춰서 안경점과 충분히 의논해서 정해야 한다.

어떤 일에나 전문가가 있는 법이다. 신발에 관해서는 신발 가게가 전문이고, 발에 관해서는 정형외과 의사가 전문이라고 할 수 있을 것이다. 그러나 아쉽게도 양자가 모두 해부학적으로 인간의 발은 어떤 것인가, 어떤 기능이 있는가에 대해서 너무나도 공부가 부족하다.

발의 건강이 몸의 건강을 좌우하고, 또 신발이 건강한 몸을 유지시키는 데 매우 중요한 역할을 한다는 것을 지금까지 계속 강조했다. 그런데 왜, 신발을 고를 때에는 안경을 고르는 것과 같은 시스템이 없을까. 이런 점은 아쉽지만 일본이 몹시 뒤져 있다고 말하지 않을 수 없다.

전문가임을 자처하는 신발 가게 주인이라면 신발 만드는 법부터 발에 맞는 신발 고르는 법까지 정확하게 알고 있어야 한다. 좋은 신발에 대한 규격은 정해져 있다. 현명한 제화점 주인이라면 그 조건을 머리에 담아 두었다가 "손님한테는 이런 식의 구두가 알맞겠는데요."라고 말할 것이다.

국내에는 화의학인정의靴醫學認定醫나 공인처방화사公認處方靴士와 같은 양성 학교가 전혀 없다. 신발을 신지 않는 사람은 없는데, 현실적으로 너무나 발에는 무관심하다. 되도록 빨리 전문 자격을 가진 사람이 많이 나타나기를 기대한다.

〒 주문 제작한 신발의 신는 맛

요즘 신발을 주문 제작하는 가게가 늘어나고 있다. 간단한 주문이라면 값도 기성제품과 별로 다르지 않기 때문에 서서히 인기를 얻고 있다.

신발때문에 괴로움을 겪던 사람은 주문 제작이라면 무조건 발에 좋을 거라고 생각하고 무작정 사려고 한다. "정말이지 주문 제작하길 잘했다."라는 말은 별로 듣지 못했다. 도대체 왜 그럴까. 그것은 의사가 처방한 신발을 만들어 달라고 할 때를 제외한 대개의 경우 의학적, 인공 공학적인 뒷받침이 없는 신발을 만들기 때문이다. 즉, 팔기 위해 만들어진 신발이기 때문이다.

　아무리 뛰어나다고 하더라도 어느 한 신발 업자가 모든 사람들의 신발에 대한 불편함을 해소하지는 못할 것이다. 신발에 불편을 느끼고 있는 모든 사람이 그 신발 업자에게 신발을 만들어 달랠 수는 없기 때문이다.

　빠른 시일 내에 신발 업계 전체가 신발 만들기의 수준을 향상시키기를 바라는 마음이다.

⊤ 외국제 고급화는 신기가 쉬운가

 신발에 관해서 일본이 구미보다 훨씬 뒤지고 있다는 것은 새삼 말할 것도 없다.

　메이지明治 초기 신발이 보급됐을 때는 발을 보호하거나 걷기 위한 도구라기보다는 장신구 개념으로 널리 퍼져나갔다. 또 일본에서는 원칙적으로 옥내에서는 신발을 벗지만 구미에서는 하루 종일 신발을 신고 생활한다. 그러한 생활 양식의 차이가 신발에 대한 사고 방식의 커다란 차이를 낳게 했던 것이다. 그러니까 하루 종일 신발을 신고 있는 구미에서는 발과 신발과의 관계를 잘 생각해서 신발이 만들어져 온 것이다.

그런데 외제 신발이라면 어느 제품이라도 문제가 없는가 하면 천만의 말씀이다. 구미인의 발과 우리의 발은 매우 다른 모양이다. 같은 긴 발이라도 구미인에 비해 우리는 폭이 넓고 발등이 높다. 그러니까 발이 들어간다고 하더라도 맞는 것은 아니다.

사이즈 표시도 나라에 따라서 각각 다르다. 메이커에 따라서도 다소 달라진다. 또한 같은 메이커라도 신발을 만들 때에 쓰는 목형에 따라 사이즈는 미묘하게 달라진다.

외제 고급 부띠끄 계열의 구두는 패션만을 중시하고 있고, 처음부터 걷기 위해서 만들어진 것이 아니다. 여자의 구두는 말할 것도 없지만, 신사화도 끝이 가늘고 호사스런 모양으로 되어 있어 비즈니스에는 어울리지 않는다.

아무튼 수입품, 국산품을 불문하고 신발은 반드시 신어 보고, 충분히 확인하고 나서 사도록 해야 한다. 해외 여행 선물로 신발을 사다 달라는 사람은 정말이지 발의 중요성을 전혀 모르고 있는 사람이다.

〒 상황에 맞게 신발을 바꾸자

운동을 할 때 비즈니스용 신발을 신는 사람은 없을 것이다. 그와 마찬가지로 일상 생활에서도 상황에 맞게 신발을 신도록 하자.

멋을 부리는 비결은 발끝에 있다.

광택이 있는 검정 끈 매는 구두는 예장용禮裝用. 검정 스릿폰은 비즈니스 일반용이다.

광택이 있는 것이라면 애프터 파티에도 좋다. 갈색 끈 매는 구두는 비즈니스용, 갈색 스릿폰이나 스웨드의 구두는 금요일 캐주얼 데이에 안성맞춤이다. 검정 에나멜화는 턱시도용, 흰색 에나멜화는 결혼식의 신랑용이나 화려한 파티용이다.

최근 신사화 중 이태리언 슈즈라는 가볍고 굽이 낮은 구두가 유행하고 있다. 좀 캐쥬얼한 양복에 잘 어울린다. 또 보기에는 크게 보이지만 비지카지라고 불리는 매우 가벼운 비즈니스 신발도 보급되고 있다. 매우 걷기 편하기 때문에 영업 사원이나 학생에게 권할 만 하다. 물론 걷는 일이 많을 때는 워킹 슈즈를 신도록 한다.

그리고 이것은 특히 여자들에게 하고 싶은 말이지만, 몸과 발의 건강을 생각한다면 출퇴근시나 사무실

상황에 맞는 신발을

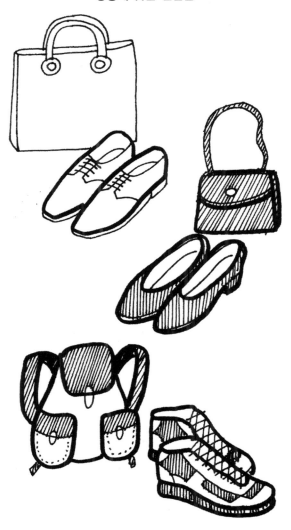

에서, 그리고 애프터 파티에서 똑같이 한 가지 구두를 신지 말아야 한다.

일할 때의 간편한 양복이나 움직이기 편리한 팬티 룩 그대로 파티에 참석하는 여성은 없을 것이다. 파티 드레스로 갈아입지는 않더라도 브로치나 코사쥬 등 뭔가 반짝이는 것을 보태거나 해서 분위기를 바꿀 것이다. 신발도 마찬가지다. 출퇴근 길에는 워킹 슈즈를, 사무실에서는 발에 맞는 구두를, 그리고 화려한 파티에서는 패션에 맞는 하이힐로 바꿔 신도록 하는 것이다.

그렇지만 몇 번이고 되풀이하자면 하이힐은 전혀 실용적인 신발은 아니다. 그러나 푹신한 카페트 위에서 고작 한두 시간 정도라면 발도 참을 수 있을 것이다.

그런데 의외로 깜빡하기 쉬운 것이 문상을 갈 때의 신발 고르기다. 자리가 어떤 곳인지 사전에 알고 있으면 좋지만, 겨울 같은 때 공식적인 장례식이라면 찬바람이 몰아치는 데서 의외로 오랜 시간 서 있어야 하는 일도 적지 않다. 예장용禮裝用의 가늘고 화사한 구두로는 발이 견디지를 못한다. 그렇기 때문에 장례식에 다녀와서 동상에 걸렸다는 이야기도 자주 듣게 된다. 또 밤샘을 하는 자리가 방바닥이라 오래 무릎을 꿇고 앉아 있으면 발이 붓게 된다. 그렇지 않아도 슬픈 자리, 발 아프다고 내색할 수는 없는 노릇이다. 문상을 갈 때는 신발에도 신경을 쓰도록 한다.

〒 양말은 마루 밑의 장사

발에 맞는 좋은 신발이 어떤 것인지 이해되었으리라 생각한다. 여기서 뜻밖에도 관심 밖에 있는 것이 발과 신발 사이에 있는 양말이다. 발과 신발의 관계를 생각하는데 그 중간에 끼어 있는 양말을 무시할 수는 없는 일이다.

양말이란 그저 천으로 발을 감싸는 것이라고 생각하면 안 된다. 일상 생활을 하면서 가장 불결하기 쉬운 부분은 발이다.

우선 신발 속의 발의 온도는 여름에 40도 이상이 되고, 먼지투성이에 땀도 많이 난다. 때문에 양말은 빨래하기 쉬운 소재라야 한다. 무명이나 울이 좋다고 말할 수 있다.

또 발바닥 전체에 같은 힘이 가해지는 것이 아니다. 발 뒤꿈치, 발가락, 발등의 세 곳이 중요한 포인트가 된다. 양말이 제일 많이 닿는 곳도 그 부분이기 때문에 발 뒤꿈치, 엄지발가락의 맨 끝이 제일 상하기 쉬운 부분이다. 그러니 당연히 양말도 부분마다 강도나 소재가 달라야 하는 것이다.

발의 보호 관점에서 제1중족골에서 제5중족골까지의 중지골 관절(발가락의 뿌리 부분)을 충분히 보호하고, 뒤꿈치 전체를 같은 소재로 덮고, 발등 부분은 발의 장축에 평형으로 달리는 것 같은 그물눈을 한 양말이 좋다고 생각한다.

그리고 발은 적당히 건조한 상태로 있는 것이 바람직하지만, 신발 속에서는 땀이 많이 난다. 때문에 땀을 잘 흡수하고, 습기를 없앨 수 있는 양말이 가장 좋은 것이다. 그런 양말은 무좀이나 못도 예방할 수 있다.

수입품이지만 발의 건강을 위한 정말 좋은 양말이 있다. 워킹용, 러닝용, 골프용, 테니스용, 야구용, 소프트볼용, 등산용, 축구용, 농구용, 레이싱용 등 스포츠 종류에 따라 짜는 법을 달리한 특수 양말이다. 참고로 소개해 둔다.

최근에는 국산품도 이와 같은 용도별 양말이 많이 나왔다.

양말에서 제일 문제가 되는 것은 뭐니뭐니해도 여성 스타킹이다.

얇은 양말 하나로 펌프스를 신고 출퇴근하는 것이 얼마나 건강을 해치는지, 여기까지 이 책을 읽으신 독자는 잘 이해하였을 것이다. 몸과 마음의 건강을 생각하는 현명한 여성이라면 출퇴근 길에는 스타킹 위에 다른 양말을 겹쳐 신고 워킹 슈즈를 신을 것이다. 멋을 내고 싶은 신발은 사무실에 따로 준비해 두고 신기를 바란다.

또 최근에 유행하고 있는 서포터supporter 타입의 스타킹이 신기에 좋은 것과는 딴판으로 뜻하지 않은 병을 일으키고 있다. 원래가 정맥류(혹)라는 병을 갖고 있는 사람을 위한 양말이었는데, 꽉 조여주는 감각이 좋고 다리가 가늘고 탄탄하게 보인다고 알려져 일반에게 퍼졌던 것이다. 실은 그 조여주는 것이 외반모지의 원인도 되는 것이다.

출퇴근할 때 워킹 슈즈를 신고, 사무실에서는 외반모지 방지용 펌프스를 신었다고 하더라도 강한 서포터를 갖는 스타킹으로 발이 조여져 있다면 효과가 없다. 그런 스타킹을 신었다면 발 부분이 지나치게 조여져 있지 않은가를 반드시 점검하도록 한다.

206

제 7 장

■

당신은 신발을 잘 고르고 있는가?

7 신발도 용도와 나이에 맞게 일곱 가지로 변한다

 일반적인 좋은 신발 고르기는 앞장에서 소개
한 바와 같다.

사람은 태어나서 1년 정도만 되면 죽을 때까지 신발
신세를 지고 산다. 오랜 세월 똑같은 방법으로 신발을
고르고 있다면 발에 문제가 있을 수도 있다.

비즈니스맨이라도 출퇴근과 바깥 나들이, 스포츠를
할 때 등등 목적에 따라서 신발을 바꿔 신어야 한다.

여기서는 나이와 발, 몸의 상태에 따라 신발 고르는
법을 소개하기로 한다.

〒 맞지 않는 신발이 지능의 발달을 방해한다

'초등학교에 들어갈 아이가 벌써 평발(편평족)이 되었다.' '쉬는 시간에 공 던지기를 하고 있다가 쉽게 뼈가 부러졌다.' 또 '그다지 오랜 시간이 걸리지도 않는 조회 시간에 쓰러졌다.'는 등 어린이들 몸의 이상이 화제에 오르곤 한다. 사실 그런데 이러한 현상은 벌써 20~30년쯤 전부터 대도시에서 주목되어 온 일이었다.

옛날에는 어린이들이 날마다 뛰어노는 곳이 흙이나 모래밭 혹은 나무 뿌리가 울퉁불퉁한 공터의 땅바닥이었다. 거기서는 맨발인 채로도 그런대로 안전하게 뛰어놀 수 있었다. 그런데 지금은 어디를 가거나 아스팔트나 인조석을 덮은 노면이라 아이들은 반드시 신발을 신어야 안전하게 되었다.

현대의 어린이들이 약해진 원인은 갖가지일 테지만, 나는 신발 신는 법이나 발의 건강에 대한 어른의 무지도 한몫 거들었다고 생각한다.

발뿐만이 아니다. 어린이는 어른을 줄여 놓은 상태가 아니다. 아직 성장 단계에서 뼈와 근육이 제대로 발달하지 않을 상태다.

특히 유아의 발은 복사뼈의 형성이 충분하지 않고,

연약한 조직에 덮여 있을 뿐이다. 몸의 균형을 유지하거나 노면에서 받는 쇼크를 줄이는 역할을 하는 발바닥의 오목한 아치도 아직 발달되지 못한 상태다. 그리고 뼈도 어른과 비교해 보면 발 가운데 발가락 뼈의 비율이 크고, 또 발가락의 밑동이 높아져 있어서 매우 불안정한 상태이다. 이처럼 연약한 상태의 유아기에 신발을 잘못 골라 주면 생각지 않은 장애를 일으키게 된다.

어린이는 날마다 성장하고 있기 때문에 성장에 맞는 신발을 신게 해야 한다. 성장기 어린이가 맞지 않는 신발을 신게 되면 발이 상할 뿐만 아니라 혈행이 나빠져 몸의 발육만이 아니고 지능의 발달까지 방해를 받는다..

때문에 절대로 아이의 발 성장을 방해하는 신발을 신겨서는 안 된다. 그렇다고 해서 헐렁한 신발은 금물이다. 신발 뒤에 뒤꿈치를 찰싹 붙이고 발가락 끝이 1Cm 이상 여유가 있는 신발을 절대 신겨서는 안 된다.

그렇다면 어린이에게 좋은 신발이란 어떤 신발일까.

알기 쉽게 말하면 전체의 모양이 부채살 모양으로 되어 있을 것! 발가락 끝 부분이 둥글고, 발가락에 충분히 여유가 있으며 발바닥을 보호하게 되어 있는 것!

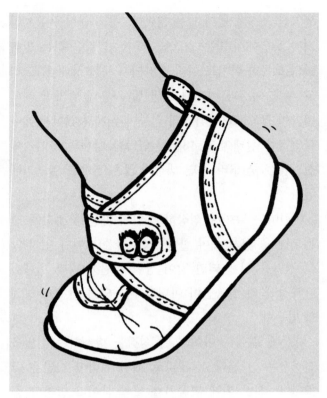

어린이 신발

● 이상적인 어린이 신발의 포인트
  ① 신기기 쉽게 손잡이가 붙어 있을 것
  ② 신발을 발에 단단히 고정시킬 벨트가 붙어 있을 것
  ③ 바닥이 말려 올라가 있고, 발 뿌리가 걸리는 것을 막을 수
     있을 것

그것도 신발 안쪽만이 아니고 뒤꿈치의 안쪽도 보호하게 되어 있는 것이 중요하다. 또 걸을 때 밀어 올리는 것을 제대로 할 수 있도록 신발 바닥의 젖혀지는 부분이 발가락의 굽힘에 꼭 맞을 것! 이러한 점을 반드시 고려하여 어린이의 신발을 골라야 한다.

신발의 소재나 보관에도 충분히 배려하는 것이 좋다. 성장기의 어린이는 발에서 땀이 흥건하게 젖을 때까지 밖에서 노는 일이 많고, 신발 속은 진흙 범벅으로 매우 불결한 상태가 되기 일쑤다. 그것이 원인이 되어 티눈이나 무좀이 되는 수도 많다. 어린이가 밖에서 돌아오면 손뿐만 아니라 반드시 발도 깨끗하게 씻겨 주도록 한다. 또 양말이나 신발은 더러워진 것을 점검하는 즉시 하루 몇 차례라도 갈아 신기도록 한다.

물론 발도 더러워지면 곧 깨끗하게 씻길 것. 어린이의 신발은 통기성이 좋고, 세탁이 간편한 소재가 좋을 것이다.

머리통이 큰 아이가, 좀 큼직한 장화를 맑은 날인데도 신고 다니는 모습은 보기엔 귀여워 보인다. 부모들은 여러 켤레의 신발을 사는 것은 부담이 되고, 어린애도 장화를 좋아하니까 그냥 한 켤레의 장화를 줄곧 신기고 있는 수가 있다. 그러나 장화는 대단히 통기성이 나쁜 소재로 되어 있다. 또한 빨고 나서 좀처럼 완전히 마르지 않는다. 장화를 신기는 것은 진흙탕 놀이를 할 때나 비가 올 때만으로 제한하는 것이 좋다.

무 어린이의 발은 부모가 지킨다

최근 아이들의 영양 상태나 체격은 예전에 비해 월등히 좋아졌다. 그런데 평발(편평족)의 비율은 예전보다 늘어나고 있다. 부모들은 "어서 일어서라, 어서 걸어라."며 조바심을 낸다. 그러다 어줍잖은 발걸음이지만 아이가 걷게 되면 그보다 더 사랑스러운 모습은 없다고 생각하기 마련이다. 그러나 발의 구조로 본다면 3~4세가 되어도 아직 제 발로 자신의 몸을 제대로 지탱할만큼의 모습을 갖춘 정도는 아니다.

아치가 제대로 형성되지 않은 물렁물렁한 발로, 체격이 좋은 아이가 무리하게 걸음마를 하면 발바닥 오목한 부분의 인대가 늘어난 상태가 된다. 즉, 평발(편평족)이 될 수가 있다. 편평족扁平足은 완치하기 어려운 발병의 하나다. 현명한 부모들이라면 아이가 걷기 시작할 때 너무 많이 걷게 해서는 안 된다.

또한, 아이가 좋아하는 캐릭터가 붙어 있으니까, 보

기에 깜찍하니까, 값이 싸니까라는 이유로 어린아이의 신발을 고르는 것은 경솔한 행동이다. 자기 표현을 충분히 하지 못하는 어린아이의 신발이야말로 신겨 보고, 엄마나 아빠가 제대로 골라 주어야 한다. 어린이용 신발은 상자에 들어 있어서 신어 보지 못하는 것도 있다. 그런 조잡한 신발을 아무 생각 없이 아기에게 신겨 주는 부모는 낙제점이다.

어린아이는 마치 죽순처럼 빨리 자란다. 키나 몸무게뿐만이 아니고, 발도 자꾸만 커가기 때문에 1년에 1사이즈가 아니라, 몇 주 만에 발의 사이즈가 변하는 일도 있다. 그래서 신발이 맞는지 안 맞는지 자주 점검해 줘야 한다.

아이의 건강은 부모의 부지런함에서 비롯되는 것이다.

〒 성장기의 어린이야말로 꼭 맞는 신발을

아이들이 하루의 절반 이상을 지내는 보육원, 유치원, 초등학교나 중학교에서는 모양이 발에 맞느냐 안 맞느냐는 무시되고, 지정된 덧신을 신어야 하는 경우가 대부분이다. 또한 덧신을 신고 있는 시간이 매우 길기 때문에 매우 불결할 수밖에 없다.

또, 성장기 어린이의 발은 대단히 빨리 자라기 때문에 학기 초에는 꼭 맞지만 3개월만 지나도 작아져 버린다는 것을 잊지 말아야 한다. 발에 거북스런 신발을 신고 있으면 바로 외반모지, 함입조나 티눈 같은 것이 생기고 만다.

학교 규칙보다 건강이 중요하다는 것은 말할 것도 없다. 신발에 아무쪼록 주의하기 바란다. 어린아이일 때는 선생님이나 부모가 잘 챙겨 주기 때문에 1주일마다 덧신을 빨 수도 있다. 그런데 학년이 올라가면 올라갈수록 덧신을 집에 가져오는 일이 적어지고 부모도 무관심해지기 마련이다. 하다못해 한 달에 한 번쯤이라도 덧신을 갖고 오도록 해서 사이즈를 확인하거나 빨아 줄 것을 당부한다.

함입조에 대해서도 말했지만, 중학생에서 대학생쯤 되었을 때 신발이 맞지 않아서 터무니없는 일을 당한 일이 많을 것이다. 부모의 입장에서 신발이 얼마큼 닳았나, 양말이 상하는 상태 같은 것으로 발의 상태를 상상해서 배려해 주도록 한다.

학업성적이 떨어지는 원인이 뜻밖에 신발에 있었다는 경우도 많다. 발에 맞지 않는 신발을 계속해서 신고 있으면 끈기가 없어지고 집중력도 떨어지게 된다. 발이 편해야 두뇌도 좋아지고 전신의 근육도 정상적으로 발달하며, 실력 발휘를 제대로 할 수 있는 것이다.

　과외 활동을 위한 전용 스포츠화는 결코 값이 싼 것은 아니지만 과격한 스포츠를 하게 되므로 발의 성장에 맞춰서 꼭 맞는 사이즈를 신기도록 해야 한다.

ㅜ 비즈니스의 성공은 신발이 좌우한다

　학교를 졸업하고 나면 대략 40년 동안을 사회인으로 일을 하게 된다. 특히 도시에서 일하는 사람의 대부분은 비즈니스맨이라고 불리는 직업을 갖게 된다. 비즈니스맨을 위한 성공법에 대해서는 세미나나 출판물도 얼마든지 있다. 물론 발상을 전환하고, 지식을 깊게 하고, 경험을 쌓는 것도 비즈니스 성공에서 빼놓을 수 없는 조건이지만, 실은 발도 성공의 키포인트가 된다.

　출퇴근에서 영업 활동까지 비즈니스는 하루 종일 신발을 신고 있게 된다. 그러니까 신발은 일에 있어서는 불가결한 장사 도구인 것이다. 그러므로 차분하게 시간을 두고 신발을 골라야 한다. 신발 고르기에 대한 시간과 돈의 투자를 아낀다면 비즈니스의 성공은 없다고 생각하면 될 것이다.

특히 중년부터는 근력 등 체력은 전반적으로 떨어져 가는데 몸무게는 늘어나고, 젊은 시절에 비하면 발에 걸리는 부담이 커지기 마련이다. 차분하게 수면을 해도 떨어지지 않는 권태감이나 초조감, 집중력 저하는 신발이 맞지 않아서 일 수도 있다. 발의 냉증이나 고혈압, 당뇨병, 심장병 같은 만성 질환도 발의 컨디션이 안 좋은 데서 유발되고, 또 맞지 않는 신발이 그런 증상을 악화시키는 일도 흔히 있는 일이다.

비즈니스맨이라면 신발도 출퇴근용, 사무실용, 거래처를 방문할 때의 것 등 목적에 따라서 하루 몇 차례라도 바꿔 신는 것이 좋을 것이다.

발에 맞는 신발을 고르는 것은 건강을 증진시키고, 기력을 충실하게 하고, 활력을 되찾게 한다. 새로운 기획도 떠오르고, 상담을 하는 데 끈기도 생길 것이다.

좋은 신발 고르는 법을 잘 기억해 두었다가 발에 꼭 맞는 신발을 골라 신게 되면, 비즈니스의 성공도 한결 수월해질 것이다.

ᄃ 영업 사원에게 가장 적합한 신발이란

영업, 취재, 배달 등 밖으로 돌아다니는 일이 많은 사람에게 펌프나 슬리퍼 스타일의 신발은 적합하지 못하다. 끈으로 묶는 구두나 톱이 깊은 신발이 피로하지 않다. 또 구두창이나 뒤꿈치가 딱딱하면 노면으로부터의 충격이 다리, 허리, 내장, 뇌 같은 곳에 나쁜 영향을 가져다줄 수 있다. 내구성보다 바닥의 쿠션이 좋은 것을 고르도록 한다.

무거운 짐이나 기재, 책 같은 것을 나르는 경우에는, 아파도 신발 밑창이 단단하게 되어 있고, 끈으로 발을 고정할 수 있는 워커형 부츠가 제일 적합하다. 힘을 주며 발을 버틸 때는 가벼운 신발보다 무거운 신발이 안정적이기 때문이다.

ᄃ 책상에서 일하는 사람은 출퇴근용 신발을 생각해야

출근해서 줄곧 책상머리에서 일을 하는 사람은 출퇴근을 중심으로 생각하면 좋을 것이다. 남성이라면 끈 매는 구두, 잘 벗어지지 않는 슬리퍼

등이 적합할 것이다. 앉아 있는 시간이 많다고는 하지만, 저녁 때는 발이 붓기 마련이다. 이때는 끈으로 조정하는 것이 좋을 것이다. 신기 시작해서 묶은 채로 내내 신고 있는 것은 좋지 않다.

여성이라면·안전을 생각해서 힐의 높이는 5Cm 이하이거나 끈 매는 구두가 좋다. 만원 버스나 역에서 달려가도 벗겨지지 않는 슬리퍼라면 그것도 상관 없다.

여성 신발에서 제일 많은 타입은 펌프스나 로파다. 그런데 이런 신발은 신발 속에서 발이 앞으로 미끄러지기 쉽고, 발 앞 부위가 신발 끝으로 밀려들어가게 된다. 때문에 발톱, 뼈, 관절, 신경, 혈관에 나쁜 영향을 주게 된다. 또 모지중족지관절母趾中足趾關節에 혹이 생기거나 외반모지가 되기 쉽고, 불쾌감, 정서 불안정, 심신증 등 터무니없는 전신 장애를 유발하기도 한다.

〒 오래 서서 일하는 사람의 발을 지키는 신발

미용사, 이용사, 스튜어디스, 호텔의 벨보이, 간호사, 점원 등 하루 종일 서서 일을 해야 하는 사람은 특히 신발에 주의해야 한다. 직장의 바닥 소재에 따라서도 신발이 달라지기 때문이다.

백화점, 병원, 미용원 등 일하는 자리가 매끈한 바닥이라면, 미끄러지지 않기 위해 신발 밑창이 적당한 두께가 있어야 하고 쿠션이 좋은 것이어야 한다. 단단한 바닥으로부터의 충격이 무릎이나 허리에 그대로 흡수되면 몸에 매우 안 좋기 때문이다.

반대로 호텔, 비행기, 고급 상품 매장과 같은 푹신한 카페트 위에서 하루 종일 서서 일해야 하는 경우에는 매끈한 신발창의 가벼운 신발이 좋을 것이다. 라바솔(고무밑창)이나 스폰지 바닥의 신발은 발끝이 걸려 넘어지기 쉽고, 무릎이나 허리에 여분의 부담을 주기 때문이다.

슬리퍼나 샌들을 신고 오래 서 있으면 발바닥이나 뒤꿈치 등의 근육이 염증을 일으키기 때문에 제대로 된 신발을 신도록 한다.

〒 피부가 약한 사람은 부드러운 신발을

금속이나 꽃가루 등 알레르기로 고생을 하는 도시 사람이 많아졌다. 피부가 약한 사람은 신발에 쓸린 상처에도 염증을 일으키기 쉽다.

그런 사람은 자기 발에 잘 맞는 신축성이 좋은 부드러운 신발을 고르는 것이 좋다. 앞축이 잘 굽혀지고 좀 여유가 있는 신발이 가장 적합하다. 또 신발의 내구성보다 신기에 편한 것을 첫째로 꼽는다. 물론 패션성은 다음의 문제다.

양말의 소재도 체크할 필요가 있다. 화학 섬유의 양말은 피부가 약한 사람에게 좋지 않다. 남자라면 무명이 좋을 것이다. 튼튼한 것으로는 문제가 있지만 실크 양말도 좋다. 여성용 스타킹도 최근에는 갖가지 알레르기 대책용이 나오고 있다. 특별히 알레르기를 다루는 전용 가게에 가지 않더라도 통신판매로 손쉽게 구할 수 있게 되었다. 여러 가지 시험을 해 보며 자기에게 꼭 맞는 것을 찾아내도록 한다.

또 외출에서 돌아오면 반드시 발 씻는 일을 잊지 않도록 하고, 그리고 이 책에서 소개한 발 마사지를 계속한다면 어느 새 피부가 좋아지고, 일반적인 신발이나 양말이라도 부작용 없이 신을 수 있는 발이 되어 있을 것이다.

관절의 부담 정도에 주목

젊을 때는 건강했는데 중년을 지나면서 무릎이나 허리가 아프다는 사람이 많다. 나이에 의한 노화 현상은 누구에게나 찾아오기 마련이다. 이것은 자연의 섭리로 자신의 나이에 맞게 몸 관리를 잘 맞춰 가지 않으면 안 되는 것이다.

신발을 고르는 법은 앞장에서 소개한 바와 같으나, 아래와 같은 배려를 더하기 바란다.

1 가벼운 신발로 밑창이 두꺼울 것

무거운 신발은 무릎이나 허리에 부담이 되고, 또 밑창이 얇은 신발은 충격이 무릎과 허리에 그대로 전달된다.

2 바닥이 두꺼우나 부드러운 소재로 되어 있고, 신발 앞축이 잘 굽어질 것

3 발가락 끝에 여유가 있고, 뒤꿈치는 고정되어 있을 것

무릎이나 허리가 아픈 사람의 경우 보행을 안정시키고, 관절에 걸리는 부담을 줄이기 때문에 보호용 깔창을 사용할 것을 권하고 싶다.

양말을 고를 때도 주의해야 한다. 발을 안정시키고, 충격을 적게 하고, 더구나 발과 구두와의 마찰을 막을 수 있는 양말이 이상적이다. 그렇게 생각하면 제일 좋은 것은 흡수성이 높은 무명 양말이라고 할 수 있다.

구 「노인화老人靴」로 장수를

어느 누구라도 피할 수 없는 노화 현상은 슬프게도 뼈에 가장 먼저 나타난다. 둘로 접은 것처럼 허리가 굽은 노인을 최근에는 별로 볼 수 없게 되었지만, 나이가 들면 등뼈가 굽어서 고양이 등처럼 되고, 허리, 목, 어깨 관절의 움직이는 범위가 차츰 좁아져 가는 것이다. 이것은 노인성 변형성 척추증老人性變形性脊椎症, 또는 노인성 변형성 관절증老人性變形性關節症이라고 한다.

또한 나이가 들면 젊을 때와는 걷는 법도 달라진다. 젊을 때는 근육, 뼈, 인대 등의 조직이 견실해 우선 뒤꿈치를 짚고, 몸무게의 이동이 발의 바깥쪽에서 각각 발가락 밑동을 지나 안쪽으로 이동하고, 엄지발가락의 밑동으로 힘차게 차고 나가는 바르고 리드미컬한 걸음을 걸을 수 있다. 그런데 고령자는 차는 힘이 약해져서 발가락 끝부터 들어가는 아장아장 발을 끄는 것 같은 걸음이 되는 것이다. 또 반사 신경이 둔해져서 동작이 완만해지며, 걸음걸이도 느릿해진다. 거기다 밸런스가 나빠져서 아무 것도 아닌 것 같은 데 발 뿌리가 걸리거나 넘어지거나 한다. 뼈가 물러져 있기 때문에 조금만 넘어져도 대퇴골 골절 같은 것을 일으켜서 잘못하면 누워서만 지내야 하는 지경이 될 수도 있다.

걸음걸이가 젊은 사람과 다른 고령자에게는 고령자용 신발이 있어야 하는 것이다.

다음의 예를 드는 것은 내가 생각한 노인화老人靴의 필수 조건이다.

① 가볍고 절대로 미끄러지지 않는다.

② 발가락 끝이 보통 신발보다 올라가 있다.

③ 신발의 바깥쪽을 1~2mm 올려 기울기를 준다.

④ 발의 온도를 유지하고, 신발에 쓸리는 것을 방지하기 위해 안쪽을 부드러운 소재로 덮는다.

⑤ 뒤꿈치를 넓게 잡고, 뒤로 나와 있는 것 같은 버퍼 스타일로 한다.

⑥ 신발을 신기 위해 만든 접착 부직포는 떼고 붙이기 쉬워야 한다.

⑦ 반 부츠형

⑧ 앗파를 잘 고정시킬 것.

⑨ 중족골 패드를 넣는다.

⑩ 발의 안쪽 아치를 붙인다.

⑪ 토마스 힐(다음 그림 p 227 참조)의 안쪽을 연장한다.

　본격적인 고령화 사회를 맞아 풀지 못하고 있는 사회 복지 문제가 산적해 있으나, 신발에 대한 연구 또한 낙후되어 있다. 노인화의 연구는 내가 최초로 시작했고, 처음 발표한 것은 1985년 4월 8일의 NHK의 프로에서였다.

노인화

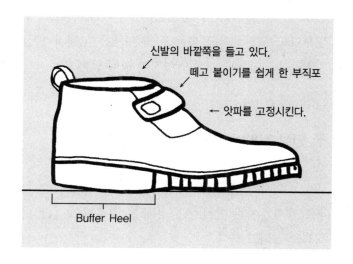

신발의 바깥쪽을 들고 있다.

떼고 붙이기를 쉽게 한 부직포

← 앗파를 고정시킨다.

Buffer Heel

노인화의 밑창

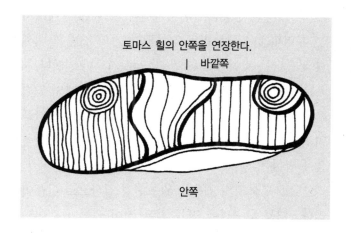

토마스 힐의 안쪽을 연장한다.

| 바깥쪽

안쪽

제7장 · 당신은 신발을 잘 고르고 있는가?　227

내가 말하는 노인화의 필수 조건을 채워 준 신발이 그림의 구두였지만, 먼저 패션 감각이 모자라고, 무엇보다도 노인화라고 하는 이름 자체를 고령자가 싫어하는 등, 아직도 개선할 여지가 많이 남아 있다.

〒 만성 질환이 신발로 낫는다?

의사가 몸이 부자유스런 사람을 진찰하고, 그 환자에게 맞춰 만든 신발을 치료화治療靴나 교정화矯正靴라고 한다.

병자에게 치료화가 필요할 때도 있다. 발의 부자유스러움을 호소하는 사람들의 대부분은 당뇨병과 류머티스, 그리고 신경장애 환자들이다. 그런데 국내에서는 류머티스나 당뇨병의 전문의가 거의 신발에 대해 잘 모른다는 것이다. 그것은 참으로 기묘한 일이다.

류머티스는 구조학적인 질환으로 관절과 뼈의 연결 부분이 변형하고, 굳어지고, 단단해져서 엄청난 아픔이 따른다. 아무 것도 안 신어도 아프기 때문에 아픔을 유발하는 신발은 아예 신지 못하게 된다.

반대로 당뇨병의 경우는 말초신경 질환으로 아픔이 없다. 때문에 신발에 잔돌 같은 것이 들어가 있어도 느끼지 못하고, 신발에 쓸린 상처가 생겨도 전혀 자각하지 못하기 때문에 지독한 궤양을 만들기 마련이다. 더구나 신발 속은 매우 불결하기 때문에 갖가지 2차적인 감염을 일으켜 치료를 더욱 어렵게 만든다. 미국에서 1989년 발 학회에서 가장 큰 문제가 되었던 것은, 당뇨병에 대한 것이었다.

류머티스 환자의 경우 발의 변형이 심할 때에는 정형외과 의사에게 치료를 받고, 발에 맞는 신발을 의사나 신발 업자와 의논해서 만드는 것이 중요하다. 굽어진 채로 발에 맞는 신발을 만들어 달라고 한다면 잘못이다. 그런 신발은 아무리 잘 만들어도 절대 환자에게 도움이 못 된다.

당뇨병 환자는 노인화와 마찬가지로 발이 쓸리지 않도록 안쪽을 부드럽게 감싸는 신발을 고르고, 항상 발 관리를 철저히 해서 궤양이 일어나지 않도록 주의하는 것이 제일이다. 그것은 환자 자신보다도 가족이 잘 보살펴 주지 않으면 안 된다. 왜냐하면 환자는 아픔을 느낄 수 없기 때문에 궤양이 되기 전의 조그마한 상처를 깨닫지 못하기 때문이다. 궤양이 각질층을 지나 근육 안쪽 부분까지 미치는 심한 상태가 되면 의사도 고칠 방도가 없다. 만약에 궤양이 생겼다면 더이상 신발을 신지 말아야 한다. 발에 궤양이 있어도 신을 수 있는 신발을 만드는 것은 매우 어렵다.

치료화는 의지장구義肢裝具 업자에게 의뢰해서 만들고 있다. 그러나 패션이 뛰어난 신발로 만들어 주지는 않는다. 때문에 환자는 애써 만들어 줘도 싫어하고 신지 않을 때가 많다. 이런 문제를 해결하기 위해 현재는 패션성도 겸비한 치료화를 개발하도록 교섭을 벌이고 있다.

足 체력과 실력에 맞는 스포츠화를

근래에 스포츠가 부쩍 유행이다. 조깅은 물론, 각 시·군에 훌륭한 스포츠 센터가 세워지거나 해서 일반의 중장년층에도 스포츠가 일상적으로 퍼져 가고 있다. 우리 나라의 신발 업계 중 가장 성장률이 높은 것은 스포츠화다.

스포츠의 종류에 따라서 여러 가지 스포츠화가 있다. 여기서 꼭 알아두어야 할 점은 일반인이 건강을 위해서 신는 신발과 프로 선수가 성적을 올리기 위해서 신는 신발과의 다르다는 점이다. 값비싼 프로용 스포츠화는 일반인의 발과 몸의 건강에 오히려 마이너스가 된다. 이를테면, 조깅이나 마라톤을 취미로 하고 있는 사람이 올림픽 선수가 세계 기록을 냈을 때 신고 있던 것과 같은 신발을 신으면 좋을 거라는 생각은 정말 잘못이다. 그들은 우리가 생각하는 것보다도 훨씬 오랫동안 힘든 트레이닝을 꾸준히 쌓아올려 육체를 단련했기 때문에 체력도 근력도 각력도 일반인과는 전혀 다른 것이다.

더구나 프로 선수가 시합 때 신는 신발은 기능, 건강, 안전성 등은 도외시하고 철저하게 성적을 높이는 것만을 목적으로 선택하는 것이다. 극단적으로 세계 기록을 수립할 수만 있다면 100m를 단 한 번 달리고 버려도 된다는 전제 하에 신발을 선택한다. 그런 러닝화는 신발 창이 매우 얇고, 재질도 가볍고, 맨발 상태에 근접하게 차는 힘을 발휘할 수 있는 것들이다. 그러니까 달릴 때의 충격은 몽땅 발에 전달되는 것이다. 평소 트레이닝하지 않던 우리가 그런 신발을 신고 갑자기 달린다면 무릎이나 발이 상하고 말 것이다.

일반인이 건강을 위해서 운동을 할 때 신는 신발은 안전성, 기능성을 첫째로 생각한 것이어야 하며, 마당발을 방지하며 충격을 흡수할 수 있는 소재를 바닥에 쓴 것이어야 좋다. 또 회내위성回内位性이라고 해서 걷거나 달리거나 할 때, 발목이 반드시 똑바른 상태를 유지하는 것이 아니고, 그림과 같이 안쪽으로 휘어

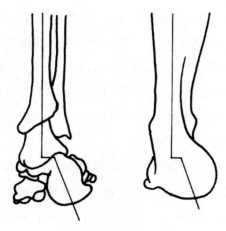

회내위가 된 발의 모양

지게 된다. 그것이 매우 가벼운 것이라면 문제는 없을
것이다. 발에 걸리는 충격을 일시적으로 흡수하는 작
용이므로.

　인간의 발은 해부학적으로 회내回內가 되기 쉬운 구
조로 되어 있다. 발의 중심을 지탱하는 곳은 매우 복
잡하고, 매우 작은 구조로 이루어져 있다. 그런 발의
구조를 충분히 보호할 수 있게 안전성을 첫째로 생각
해서 만들어진 신발을 골라야 한다.

　자신의 체력에 알맞은 신발을 친절하게 상담해 주
는 스포츠 용품점에서 반드시 미리 신어 보고 나서 구
입하도록 하자.

ㄱ 발이 곱게 보이는 신발이란

여성들은 아무리 발에 좋은 신발이라도 패션성이 없으면 신으려고 하지 않을 것이다.

하이힐이 다리를 아름답게 보이게 한다는 것은 누구나 다 알고 있지만, 건강상 그다지 좋은 신발은 아니다. 그러니까 로우 힐이라도 하이힐을 신은 것과 같은 효과를 내는 효과적인 디자인의 신발을 고르면 되는 것이다. 화사한 디자인의 신발만이 발을 아름답게 만드는 것은 아니다.

당신의 발에 맞는 신발 가운데서 다음과 같은 포인트를 충족시키는 신발이라면 발을 가늘고 아름답게 보이게 만들 것이다.

먼저 흰색이나 파스텔 컬러는 팽창 색이므로 발이 실제보다 크게 보이는 반면 차가운 색 계통이나 검정색 등은 단단히 조여져서 가늘게 보인다.

다음의 그림을 보면 알 수 있듯이 정말로 똑같은 크기, 같은 모양의 신발이지만 투박하게 보이는 것과 날씬하게 보이는 것이 있다.

다리를 날씬하게 보이기 위해서는 신발 굽의 높이보다 신발 앞축 모양에 신경을 쓰면 해결된다.

발이 가늘고 발등이 얇은 사람은 걸을 때 대개 신발

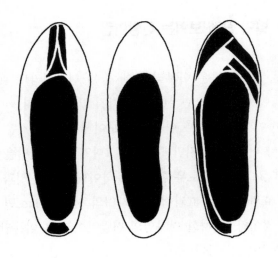

뒤꿈치가 벗겨져서 따각따각 소리가 나게 된다. 그렇게 되면 아무래도 좀 작은 신발을 고르기 마련이지만, 그 폐해는 벌써 몇 번이고 강조했다.

발이 가는 사람은 뒤꿈치도 가늘 경우가 많기 때문에, 똑바로 충고해 주는 점원이 있는 가게에서 여러 가지를 신어 보도록 한다. 끈 매는 구두로 조절부가 긴 옥스퍼드 타입이 어울릴 것이다.

발등이 높은 사람이라면 낮고 얕은 스타일의 구두가 좋을 것이다. V자 모양의 탄탄한 끈 매는 구두나 벨트로 조절을 할 수 있는 로파 같은 것이 가장 적합하다.

폭이 넓고 발등이 얇은 사람이라면 슬리퍼 스타일

이라도 발등이 얇은 것과 벨트로 조절이 되는 로파도 좋을 것이다. 그리고 폭이 넓은 사람은 사이드가 오픈 된 것으로 벨트의 위치나 폭에서도 퍽 다른 느낌을 준다. 발등이 두꺼운 사람은 신발 입구가 비좁은 신발은 피하도록 한다.

최근에는 그런 갖가지 발의 특징에 따른 신발을 디자인한 메이커가 늘어나고 있다. 사이즈가 고루 갖춰져 있고, 또한 점원이 친절한 가게에서 당신의 발에 꼭 맞는 신발을 찾도록 한다.

신발은 가벼운 것이 좋은 것이다. 너저분하게 장식을 한 신발은 아름답게 보일지 몰라도 발을 아름답게 만든다고 할 수는 없다.

☞ 계절에 맞춰서 신발도 바꿔 본다

사계절이 뚜렷한 우리 나라에서는 6월과 10월에 옷을 갈아입는 습관이 있다. 멋을 부리는 여자라면 신발도 여름용과 겨울용으로 갖추고 있는 사람이 많다. 하지만 출퇴근에는 언제나 검정색 펌프스를 고집하는 사람도 있다.

발과 다리를 아름답게 보이기 위해서는 전체적인

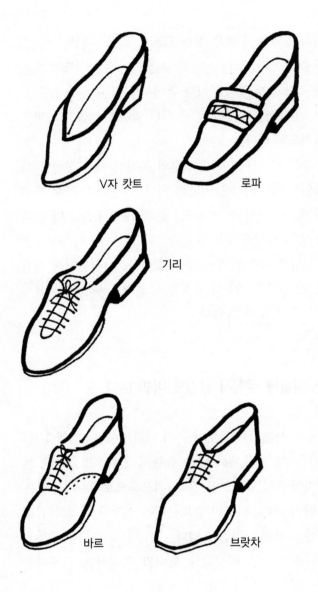

V자 캇트   로파

기리

바르   브랏차

밸런스도 생각하지 않을 수 없다. 상황에 따라 맞추는 것은 신발도 예외일 수 없다. 전에도 말했지만 계절에 맞추지 않으면 옷차림도 맞지 않는다.

또 발의 크기도 더운 여름에는 다소 커지고, 추운 겨울에는 반대로 작아진다. 아직 추운 이른 봄에 바겐세일로 여름 신발을 샀다가 막상 신으려고 했을 때 꽉 째여서 곤란했던 경험이 한 번쯤 있을 것이다. 여름에 산 겨울용 신발이 헐렁할 경우에는 두꺼운 양말을 신으면 잘 맞을지도 모른다.

비가 오는 날에는 울퉁불퉁한 우레탄 바닥에 방수가공 처리된 미끄러지지 않는 신발을, 더운 여름에는 샌들 같은 통기성과 흡수성이 좋은 신발을 신도록 한다. 또 색깔도 겨울에는 검정 같은 진한 색을, 여름에는 흰색 같은 시원해 보이는 색을 고르는 것이 좋다.

여름에 발을 쾌적하게 하고 싶다면 뒤꿈치의 높이가 1Cm 정도로 뒤꿈치가 흔들리지 않는 샌들이 제일 좋은 것이다. 일하는 데 그럴 수는 없다고 할 때에는 하다못해 통기성이 좋은 신발(이를테면 망사신발), 여성이라면 사이드 오픈이나 투우의 것을 신도록 하면 발의 건강에 좋을 것이다.

신발뿐만이 아니고 양말도 겨울과 여름에 소재나 색상이 같아서는 안 될 것이다. 여름에는 무명 같은 흡수성이 높은 소재로 된 양말을 신을 것. 여성이 고온 다습한 여름에 팬티스타킹을 신고 있는 것은 건강상 좋지 않지만, 최근에는 여름에도 쾌적하게 지낼 수 있도록 만든 제품도 있다. 다만 여름에 진한 색깔은 멋과는 거리가 있다. 반대로 겨울에는 좀 두꺼운 양말로 단단히 보온하는 것을 잊지 말도록. 그런데 너무나 단단히 보온을 하는 바람에 발에 땀이 났다가 그대로 추위에 노출되면 동상에 걸릴 수도 있다. 땀이 났으면 양말을 갈아 신는 등 발에 신경을 쓰도록 한다.

〒 신발의 수명을 늘리는 법

애써 고생해서 고른 신발이다. 손질을 잘 해서 오래 간직하도록 하자.

발은 1주일에 2000 cc의 땀을 쏟아내며, 그 대부분이 신발 속에서 처리되고 만다. 신발을 청결하게 오래 신고 싶다면 아무리 마음에 드는 신발이라도 하루를 신으면 하루는 쉬게 해서 말리는 것이 중요하다.

일상적인 신발의 간단한 손질법을 소개해 본다.

① 하루를 신으면 하루를 쉬게 한다.

② 벗으면 곧 손질을 한다. 솔이나 부드러운 천으로

먼지를 털고, 바람이 잘 통하는 그늘에서 습기를 말린다.

③ 신발장에 간직할 때는 다시 한나절쯤 바람을 쐬어 습기를 잘 말리고, 슈트리(신발의 형이 망가지는 것을 방지하기 위한 발 모양의 주조물. 나무로 된 것이 제일 좋지만 플라스틱 제품도 많이 나와 있다.)나 똘똘 말은 종이를 넣어 모양이 틀어지는 것을 방지한다.

④ 1주일에 한 번은 그늘에서 바람을 쏘여 준다. 그때 속에 채운 것은 바꿔 준다.

⑤ 2주일에 한 번 살균제를 뿌려 준다. 사용상의 주의사항을 잘 읽고, 바람이 잘 통하는 데서 사용할 것. 알레르기가 있는 사람이나 피부가 약한 사람은 쓰지 않는 것이 좋다.

⑥ 바닥 깔개는 2~3개월마다 교환한다.

⑦ 연말이나 의례적일 때 신는 신발을 장기간 보관할 때에는, 신발장의 아래 단은 습기가 많으므로 윗단에 보관한다.

⑧ 신발장은 밀폐시키지 않는다.

신발은 다음과 같이 닦도록 한다. 자주 신는 신발은 추위나 건조한 기온의 영향으로 약해져 있기 때문에

건조된 채로 놔 두면 가죽 표면에 금이 가 버린다. 보
관하고 있는 다른 계절의 신발이나 의례적으로 신는
신발도 때때로 꺼내서 손질을 할 필요가 있다.

　① 표면의 먼지를 닦아 낸다.

　② 얼룩은 크리너로 제거한다.

　③ 전체적으로 얇게 크림을 바른다. 잠시 그대로 뒀
　　 다가 크림 성분이 잘 배어들었을 때 마른 천으로
　　 광택을 낸다.

　④ 건조제를 교환하고, 슈트리를 집어넣는다.

　장마철에는 날씨가 맑게 개인 날 신발을 꺼내 바람
이 잘 통하는 그늘에서 말려 준다. 여름에 직사광선에
쏘이는 것은 절대 금물이다.

足 갖춰 두고 싶은 구두 닦기 용품들

　신발의 손질 용품 중 이것만은 갖춰 두도록
　　 하자.

　신발의 소재에 따라서 구두솔의 강도나 크리너, 크
림 같은 것도 성분이 달라진다. 신발을 살 때 신발 가
게에서 의논하도록 하자.

① 구두솔

먼지를 터는 것과 구두약 바르는 것, 색깔에 따라서 가려쓸 필요가 있다. 구두솔 외에 헌 칫솔도 있으면 편리하다.

② 구두약

광내기, 착색, 보색, 표면 보호를 위해서 쓴다. 병에 들어 있는 옛날 그대로의 것, 튜브에 들어 있는 연고 모양의 것, 용기 끝의 스폰지에서 크림이 배어나오게 되어 있는 것, 또 에나멜, 스웨드 같은 것에는 전용의 구두약이 있다. 신발의 색상에 맞춰서 갖춰 둘 것. 또 소재가 되고 있는 가죽에 따라서 효과가 좋은 것과 안 좋은 것이 있다. 신발을 살 때 가게 주인과 의논하면 좋은 것을 신발과 함께 갖출 수 있을 것이다.

③ 크리너

때를 벗기는 데 사용한다. 구두약과 혼동하기 쉽지만, 튜브에 들어 있는 무색에 가까운 백색의 것이다. 가죽 구두나 합성 피혁 제품이라면 괜찮겠지만 에나멜, 스웨드 같은 것에는 전용 제품이 있다.

④ 유성 크림

동물성 지방인 밍크 오일은 가죽의 부드러움과 매끈함을 유지하기 위해 사용한다. 고급 구두에 사용된다. 가죽창의 신발에는 바닥에도 바른다. 신발을 샀을 때 가게 주인에게 사용법을 배워 두면 편리하다.

⑤ 광 내는 헝겊

연한 면포, 구멍이 뚫린 양말도 좋다.

⑥ 낡은 구두솔, 헌 칫솔, 대나무 주걱

신발 밑창의 더러워진 것을 털어내는 데 쓴다. 진흙 같은 것은 말린 후 긁어낸다.

⑦ 방수 스프레이

가죽 구두에 쓸 수 있는 방수, 발수潑水 스프레이, 신발 가게뿐만 아니라 슈퍼에서도 팔고 있다. 옥외에서 사용하는 것이 제일이다. 매우 위험하므로 절대 문을 닫은 현관 같은 데에서 쭈그리고 앉아서 쓰지 말 것.

⑧ 실리콘 제품의 방수 리킷

스프레이보다 방수력이 뛰어나다. 솔이나 연한 천

으로 바른다. 방수 효과가 좋으며, 매일 간단하게 손
질할 수 있다. 가볍게 닦는 것만으로도 깨끗해진다.

또 바느질 자리에 단단히 발라 두면 어지간한 비라
도 신발 속은 젖지 못하게 만든다.

＊ 소재별 신발 손질법

 신발 손질은 새 신발을 신기 시작하기 전부터
시작한다.

｜가죽 구두｜

맨 처음에 … 방수를 위해서는 유성 크림을, 상처나
얼룩을 방지하기 위해서는 광을 내는
크림을 바른다. 앞서 소개한 실리콘
제품의 방수 리킷을 신기 시작하기 전
에 발라 두면 가죽의 아름다움이 오래
보존된다.

신고 나서 … ① 신발 밑창의 더러워진 데를 대나무
주걱이나 낡은 솔 같은 것으로 잘
털어 낸다.

② 가죽 밑창이라면 밍크 오일을 가볍

게 발라 준다.

③ 굽, 노끈, 바느질 자리의 먼지를 솔로 털어 낸다.

④ 표면의 더러운 데는 천에다 조금씩 크리너를 묻혀서 닦는다.

⑤ 굽 가장자리도 크리너로 잘 닦아 낸다.

⑥ 솔로 구두약을 바른다. 구두 전체에다 빈틈없이 얇게 칠하는 것이 비결이다.

⑦ 광 내는 천으로 잘 닦는다.

⑧ 드라이어로 내부의 수분을 말린다. 드라이어의 뜨거운 바람을 가죽 표면에 직접 대지 않도록 한다. 금이 가거나 변색의 원인이 된다.

⑨ 마지막으로 냄새를 제거하는 스프레이를 한 번 뿌린다.

┃스웨드화┃

맨 처음에 ⋯ 전용 방수 스프레이를 약 20Cm 떨어진 곳에서 뿌린다. 얼룩이 지지 않도록 주의해야 한다. 꼭 집밖에서 한다.

신고 나서 … ① 밑창과 내부의 손질은 가죽 구두와
　　　　　　　 같다.

　　　　　　 ② 전용 솔로 털의 흐름을 따라서 먼
　　　　　　　 지를 턴다

　　　　　　 ③ 전용 크리너를 솔에 묻혀서 털을
　　　　　　　 일으키듯 하면서 더러워진 것을 털
　　　　　　　 어 낸다.

　　　　　　 ④ 스웨드 잉크로 색을 선명하게 유지
　　　　　　　 한다. 잉크가 마르면 솔로 털의 방
　　　　　　　 향과 반대로 털을 일으킨다.

　　　　　　 ⑤ 방수 스프레이를 한 차례 뿌린다.

| 천으로 만든 신발 |

맨 처음에 … 천에 쓰는 방수 스프레이를 약 20Cm
　　　　　　 떨어진 곳에서 뿌려 준다. 단색이라면
　　　　　　 세탁 풀 스프레이를 골고루 뿌려 주
　　　　　　 면, 나중에 손질이 간단해진다.

신고 나서 … ① 솔로 가볍게 먼지를 턴다.

　　　　　　 ② 더러워지면 일찌감치 물로 빤다.
　　　　　　　 오래 물에 담궈 두지 말 것. 접착
　　　　　　　 제가 떨어지는 수가 있다.

　　　　　　 ③ 모양이 망가지지 않도록 그늘의 바

람이 잘 통하는 데서 말린다.

④ 충분히 건조되었으면 방수 스프레
이를 뿌려 준다.

그러나, 올바른 손질을 위해서는 무엇보다 살 때 그
신발에 맞는 손질법을 가게 주인에게 물어보는 것이
중요하다.

☷ 비에 젖은 신발의 손질

하루 동안 비에 젖은 가죽 구두는 맑은 날에
한 달을 신은 것과 같다. 가죽은 원래가 물을
쉽게 흡수하기 때문에 곧 손질을 해야 한다.

① 신발 속의 더러워진 것을 마른 천으로 깨끗하게
닦아 낸다.

② 조금 마른 다음 하얗게 소금기가 떠오르면 물에
적신 천으로 가볍게 닦아 낸다. 세게 문지르거나
당기면 가죽이 늘어나므로 주의해야 한다.

③ 소금기를 닦아 낸 뒤, 다시 마른 천으로 가볍게
닦는다.

④ 신발 내부까지 젖어 있을 때는 신문지를 돌돌 말

아서 채워 둔다. 신문지는 젖으면 잉크가 배어나
오기 때문에 바깥쪽을 흰 종이로 감싸 두면 좋을
것이다.

⑤ 젖은 정도에 따라서 15~30분 간격으로 채워 둔
신문지를 바꿔 준다.

⑥ 마르면 슈트리(목형)를 넣어 모양이 변하는 것을
막는다.

⑦ 통기가 좋고 습기가 없는 곳에 보관한다. 신발장
에는 당분간 넣지 말아야 한다.

마른 다음 얼룩이 생겼으면 크리너로 지워낸다. 이
렇게 말린 가죽 신발은 기름기가 완전히 빠진 상태이
기 때문에 유성 크림을 발라 준다. 혹시라도 가죽이
늘어나 버렸다면 원상으로 돌아가지 못하므로 안창
깔개 같은 것으로 조정하고 나서 신도록 한다.

에나멜 구두는 어지간한 비라면 방수가 되지만, 금
이 간 데나 바느질 자국 같은 데서 물이 새어 들어오
면 오히려 마르기가 더욱 어렵다. 손질을 게을리하면
안 되는 신발이다.

또한 방수성이 뛰어난 신발은 옥외에서만 신도록
한다. 실내에서는 마른 신발로 갈아 신는 것이 당신의
발을 지키는 비결이다.

10년이 젊어지는 발 건강법

지은이 · 이시쓰카 다다오
옮긴이 · 최병련
펴낸이 · 배기순
펴낸곳 · 하남출판사

초판 1쇄 발행 · 2000년 8월 15일

등록번호 · 제10-221호

서울시 종로구 관훈동 198-16 남도BD 302호
전화 (02)720-3211(代) · 팩스(02)720-0312
홈페이지 · http://www.hnp.co.kr
e-mail · hanam@hnp.co.kr

ⓒ 하남출판사, 2000 Printed in Seoul, Korea

ISBN 89-7534-147-X

※ 잘못된 책은 교환하여 드립니다.